U0732326

广东省高校思想政治教育课题"后疫情时代下大学生就业观的思政教育引导体系研究"（项目编号：2020GXSZ084）

深圳市教育科学"十四五"规划课题"三全育人视域下大学生职业素养培育的路径与机制研究"（项目编号：SZJY21004）

深圳大学教学改革研究项目"基于学风优化的职业生涯规划课程改革研究"（项目编号：JG2020130）

TISHENG SHENGYA SHIYINGLI
DAXUESHENG ZHIYE SHENGYA GUIHUA
KECHENG SHEJI YU JIAOXUE

提升生涯适应力

大学生职业生涯规划课程设计与教学

主　编◎孙　竞

副主编◎姚建林　廖丽丽　蔡懋璇　王　翀

暨南大学出版社
JINAN UNIVERSITY PRESS

中国·广州

图书在版编目（CIP）数据

提升生涯适应力：大学生职业生涯规划课程设计与教学/孙竞主编；姚建林等副主编. —广州：暨南大学出版社，2023.11
ISBN 978 - 7 - 5668 - 3560 - 4

Ⅰ.①提…　Ⅱ.①孙… ②姚…　Ⅲ.①大学生—职业选择—高等学校—教材
Ⅳ.①G647.38

中国版本图书馆 CIP 数据核字（2022）第 237478 号

提升生涯适应力——大学生职业生涯规划课程设计与教学
TISHENG SHENGYA SHIYINGLI——DAXUESHENG ZHIYE SHENGYA GUIHUA
KECHENG SHEJI YU JIAOXUE

主　编：孙　竞　副主编：姚建林　廖丽丽　蔡懋璇　王　翀
···

出 版 人：阳　翼
统　　筹：张仲玲　武艳飞
责任编辑：陈绪泉
责任校对：刘舜怡　陈慧妍
责任印制：周一丹　郑玉婷

出版发行：暨南大学出版社（511443）
电　　话：总编室（8620）37332601
　　　　　营销部（8620）37332680　37332681　37332682　37332683
传　　真：（8620）37332660（办公室）　37332684（营销部）
网　　址：http://www.jnupress.com
排　　版：广州市新晨文化发展有限公司
印　　刷：广州市友盛彩印有限公司
开　　本：787mm×1092mm　1/16
印　　张：14.5
字　　数：250 千
版　　次：2023 年 11 月第 1 版
印　　次：2023 年 11 月第 1 次
定　　价：49.80 元

（暨大版图书如有印装质量问题，请与出版社总编室联系调换）

前　言

2007年，教育部办公厅下发了《关于加强职业指导与职业生涯规划课程建设要求的通知》，要求各高校全面开设大学生职业生涯规划与就业指导课程。大学是职业生涯规划的黄金阶段，对大学生个人的未来职业走向和职业发展具有十分深远的影响。2020年中青校媒面向全国高校的调查发现，超过87%的被调查者认同清晰的职业规划有利于大学生制定目标，为找工作提前做好准备。61%的大学生找工作时才发现很迷茫，46%的大学生没有提前准备导致简历单薄，36%的大学生找工作时才发现自己不具备工作要求的能力。因此，面对日趋严峻的高校毕业生就业形势，让大学生尽早接受职业生涯规划教育，明确未来方向和学习目标，在大学期间积极主动地完善自我、提升能力、充实简历才是提升毕业生就业竞争力的根本。职业生涯规划课程帮助大学生更好地认识自我、了解工作世界、提升职业能力、树立合理的目标、采取适当的行动，激发学生的学习动力和个人潜力，避免学习的盲目性和被动性，为高校毕业生成才和就业奠定良好的基础。

但近年来，随着生涯规划理念的更新、社会行业职业变化迅速，过去以"职业匹配论"为理论基础的职业生涯规划课程已无法适应时代的变化和学生的需求。以"匹配论"为基础的生涯规划课程强调学生需要明确一个合适的目标并为之努力，但在如今这个行业、职业迅速变化的时代，大学生的生涯规划也有了更多变数和可能性，静态单一的"匹配论"已不完全适用，萨维科斯（Savickas）提出"生涯适应力"的概念顺应了新时代的发展。为了使职业规划课程更具创新性、科学性和时代性，适应后疫情时代社会变化的要求、符合学生的发展与需求，本书适时提出以"生涯适应力"理论为基础的课程设计新理念，重点培养学生的生涯适应力，使其在环境变化中能够及时运用所学知识，判断出职业转变、职业困境和职业危机中所采取的正确应对措施，在不断变化的环境中主动适应、及时调整、合理转化，实现职业生涯的成功。

以"生涯适应力"为基础的职业生涯规划课程通过生涯关注、生涯控制、生涯好奇和生涯自信这四个方面对学生进行引导和探索，通过提高"元胜任力"来增强学生应对未来生涯变化的能力。课程以学生为中心，从理论基础、设计理念、教学方式、课程内容、课程形式、考核方法、课程评价等多方面进行了全面改革和创新，以适应新时代职业发展的新趋势和立德树人的就业育人目标。通过游戏化思维的课程设计、项目式学习的考核方式、团体活动的师生互动等方式提升学生的生涯适应力、思维能力、团队协作能力、沟通表达能力和研究能力等，帮助学生塑造正确的价值观和就业观。课程经过两年多的设计、讲授和打磨，同步开展了教学改革的相关研究，通过定量和定性的数据收集和分析统计，显示新的教学内容和教学方法已经成熟、成型，形成系统化、体系化的教学新模式，具备良好的推广价值和条件。

本教材的课程编排和设计由理论知识学习到理论与实践融合，由浅入深、循序渐进，既锻炼个人能力又培养团队协作精神，构建了系统化、个性化的职业生涯规划课程体系。主要具备以下三方面特色：

一、 科研支撑

课程教学的效果需要运用科学的手段进行评估，因此本教材中的课程在实践教学的过程中采取同步开展定量和定性研究相结合的评估方式。研究的目的在于考察基于"生涯适应力"理论设计的职业生涯规划课程是否能有效促进学生生涯适应力的提升，干预对象为选修该课程的学生。同时考察课程设计、课堂开展形式和教学方式的合理性，为课程的进一步完善和修订提供参考。研究采用前—后测实验设计，分别在课程开始前和结束后在课堂上对学生使用编制的问卷（见附录2）进行数据收集，并采用 SPSS 软件分析问卷数据。

在定量研究上，调查问卷采用学者赵小云等人编制的《大学生生涯适应力问卷》、学者于海波等人修订的《生涯适应力量表》中文简短版以及栗民和董小刚编制的部分《学风量表》。研究数据分析显示课程对学生的生涯适应力有显著提升作用，具体表现在生涯好奇、生涯关注、生涯自信、生涯调适和生涯人际方面。此外，学生的课堂学风与生涯适应力具有正相关性，课程教学对大学生学风优化有促进作用（具体数据见附录3）。在定性研究上，课程结束后要求每位学生撰写对课程的反馈，了解学生对项目式学习和课程的感受与收获，并对文字资料进行分析处理。通过定量和定性两种数据综合分析，进一步改进和调整课程内容和设计。

二、　课程思政

党和国家高度重视就业工作，从 2016 年习近平总书记强调要"用好课堂教学这个主渠道，各类课程都要与思想政治理论课同向同行，形成协同效应"，到 2017 年《关于加强和改进新形势下高校思想政治工作的意见》指出"把思想价值引领贯穿教育教学全过程和各环节"。"课程思政"概指各类课程围绕"全面提高人才培养能力"这一核心点，有机融入思想政治教育元素，实现专业知识和思政知识相互融合促进、思政课程和课程思政同步推进。课程思政让高等教育重新回到培养人的本位上来，明确高等教育改革的方向、办学宗旨和任务，真正解决"教书而不育人"的问题，推动高等教育的内涵式发展。鉴于国家对开展课程思政的要求和大学生职业生涯规划课程的特点，推行职业生涯规划课程的思政教学模式势在必行。

对于课程思政背景下的职业生涯规划课程来说，一方面除了教给学生自我探索、职业目标定位、岗位适配度分析等知识和技能外，更重要的是通过进一步唤醒学生的生涯信念和生涯规划的意识，在多尝试、敢担当、勇作为中全面提升个人综合素质和竞争力。另一方面，不同时期大学生就业创业形势的变化，社会经济发展对于人才标准和需求的转变，加之乡村振兴、西部计划等国家战略的不断推进，都要求职业生涯规划课程充分挖掘思政元素，适时引导、及时厘清学生的认知误区，促进学生正视自我、转变观念、择己所爱、干己所长、干世所需，把实现自我价值与共筑中国梦相结合。因此，本教材顺应高校开展课程思政的趋势，增加了职业生涯规划与思想政治教育有机融合的知识点和教学案例，方便教师在职业生涯规划课程中进行思政教育的渗透和引导，实现课程思政的有效设计和教育效果。

三、　课程理念

本教材的课程设计在经典生涯理论的基础上综合了多个后现代主义理论，除了"生涯适应力"理论外，主要受到以下几个理念和理论的引导：

CIP 认知信息加工理论：课程不仅给予学生关于自我和职业的知识，而且重视提高学生信息加工的能力，也就是决策技能。更重要的是发展元认知的技能、改变一些局限性或不合理的认知、更新认知观念，并培养学生 21 世纪可持续职业生涯所需的认知能力。

SCCT 社会认知职业理论：职业选择是一个开放的动态发展变化过程，不应过早限制学生的选择和可能性。事实上，大学生活本身就是探索职业选择的过程，在这个过程中的学习经验、自我效能、结果期待、社会支持或障碍都会影响学生的职业兴趣和职业目标。

社会学习理论：该课程不再简单地以确定一个职业目标的匹配论为基础，而是强调个体必须扩展其能力与兴趣，生涯决定不能仅基于现存的特质。课程除了帮助学生认识自我、分析过往经验，更重要的是促进个体新的生涯发展行动。通过各种学习的机会使学生产生兴趣和职业偏好的变化，并充分利用偶发事件抓住机遇，增加更多的选择。

面对当前职业生涯规划课程难以满足学生需求、教学效果难以保证的情况，有必要改变课程内容和创新教学方式以调动学生的学习驱动力和主观能动性。本教材在课程设计上，采用游戏化思维的理念，以小组团队的形式开展教学。在课堂实施上，通过团体辅导活动的形式传授知识点，在教学形式、课堂准备、教学重点、案例运用、活动开展、教师引导、课程作业等方面均有非常详细的指引，大大降低了新授课教师在实际教学中的难度，也为有授课经验的教师进行课程更新和教学改革提供思路和启发，是一本"手把手"辅助职业生涯规划课程教学的指南手册。因此，本书适合生涯教育教师、高校辅导员、就业指导工作人员、心理教师等使用，既能帮助新手教师快速学习并参与到职业生涯规划课程的教学中来，又能为有经验的授课教师开展教学改革提供一定的启发，对于生涯教育工作者具有很强的现实指导意义和应用价值。

衷心感谢为本书撰写章节的生涯教育工作一线教师们，教材在编写过程中参考借鉴了生涯教育专家、学者们的智慧结晶，再次表示感谢！生涯教育工作无止境，希望本书的出版能够对高校开展职业生涯规划课程有所促进，对生涯教育工作者的实践工作有所裨益，进而使学生真正提高生涯适应力，实现个人的认知成长与思维升级，合理地应对生活中遇到的生涯问题。

孙　竞

2022 年 10 月

目录

CONTENS

导论

课程设计与创新

一、 课程介绍

"大学生职业生涯规划"这门课程的教学对象以大学一年级和二年级的学生为主,为全校公选课,共18个课时,1个学分。选修该课的学生覆盖全校不同专业,为保证小班教学的体验效果,每班人数保持在30人以内。课程考核方式由平时成绩40%(考勤、发言、小作业)+课程作业60%构成。

该课程以生涯适应力的新理念为教学理论基础,以游戏化的思维方式设计教学过程,以小组团队互动的形式开展教学。

二、 理念与目标

生涯适应力理论的内涵符合后疫情时代的特点,萨维科斯认为生涯适应力是个体在应对当前和临近的生涯发展任务、生涯转换和生涯问题时的准备程度和心理资源,使其能够在生涯角色中实现自我概念,体现了个体在生涯发展过程中面对挑战所具备的核心能力。萨维科斯提出了一个比较完整的生涯适应力四维理论建构模型,它包括生涯关注(指个体对他自己未来生涯能够有所关注)、生涯控制(指个体相信他们对于建构自己的生涯是可以自我决定和负起责任的)、生涯好奇(指个体的好奇态度)和生涯自信(指个体对自己生涯问题解决能力的信心及其自我效能信念)四个维度。因此,本书提出以生涯适应力理论为基础的课程设计新理念,具体教学目标包括:

(1)从生涯适应力的生涯关注、生涯控制、生涯好奇和生涯自信四个方面对学生进行引导和探索,以学生为中心,通过提高"元胜任力"来增强学生应对未来生涯变化的能力。

(2)通过改变课程内容和教学方式,培养学生的思辨能力和反思精神。注重以学生为中心的形式调动其学习驱动力和主观能动性,从而使学生对课程产生兴趣而自主投入其中,达到优化课堂学风的目的。

(3)提高学生进行生涯实践和职业探索的主动性,能把所学知识和工具直接应用于大学生活和未来的生涯发展中。提升学生的自我效能感,勇于尝试并善用机遇,正确看待生涯中的偶发事件,并学会利用机遇创造机会。

三、 课程创新点

（一） 调动学生的积极性：采用游戏化思维的理念设计课程开展模式

在课程设计上，课堂全程以小组团队的形式开展教学活动和课程考核作业。小组每堂课的考勤、成员参与课程的活跃度和发言表现直接与学生的平时成绩挂钩。课程利用游戏化的思维，既有"个人作战"也有"团队作战"，给予学生充分的自由权，在教学设计上鼓励学生进行课堂发言，让每一个人都有表达自我观点的机会。每节课后小组分数会通过积分、排名的方式并设置相应的奖励机制，形成良性有趣的竞争氛围，促进学生课堂上的积极参与。同时，这是一个锻炼学生团队协作、组织沟通能力、领导能力的过程，通过团体成员间的互动，促使个体在交往中通过观察、学习、体验，认识自我、探讨自我、接纳自我，学习新的态度与行为方式，激发个体潜能。

（二） 促进教学的多元化：运用团体辅导、团队互动等教学活动形式

职业生涯规划是实践性的学科，单纯枯燥的理论讲授难以调动学生的积极性，授课内容也难以被学生接受。因此，课堂采用团体活动体验和思辨性分析相结合的办法，这不仅让学生在团队互动的讨论过程中更好地理解生涯知识，培养学生的思辨能力和反思能力，而且能够让学生在整个教学活动中互相帮助、共同进步。不同成员在团队中扮演着不同的角色（组长、发言人和组员等），通过团队任务和小组讨论、案例分析、辩论等活动互动，学生能够真正理解和培养团队精神。活动后引导学生对知识点进行总结和反思，有利于激发学生的学习动力以及吸收掌握课程知识。以团体活动的形式传授知识点，强调教师与学生以及学生与学生之间的互动，这种教学形式有助于提高学生对课程的兴趣和参与度，真正地启发学生进行思考，提高学生进行生涯发展和职业探索的主动性。

（三） 加强理论联系实践：开展以小组合作为基础的实践性研究课题

课程创造性地增加了学生项目式研究课题的实践环节作为考核作业。项目式学习（Project-based Learning，简称 PBL）起源于美国，指学生在一段时间内对真

实的、复杂的问题进行探究，根据主题、案例和材料，自己提出问题，自己解决，自己总结和学习，并从中获得知识和技能的过程。学生以小组为单位，选择感兴趣的职业生涯规划相关课题（见附录1），利用课堂学习到的知识和方法对某个主体进行调查、分析、探索、研究，形成课题的成果，并分组在课堂上汇报，实现知识共享。这是一个锻炼学生团队合作、组织沟通、分析解决问题、研究创新等多种能力的机会，若学生将课程知识学以致用，学会分析职业生涯问题，提高自身的生涯适应力，就能更好地应对未来的变化。

四、 课程开展

（一）教具设计

（1）教师每堂课给各小组发放一张小组评分表，要求小组完成相关分数记录后，将其交给教师统计并作为课程资料保存。小组成员全部到齐计全勤分3分，按学生发言质量教师给予课堂得分1～5分，按课堂作业完成质量计1～3分。

（2）教师准备适用的分数牌（1～5分），在学生课堂发言后及时给予其相应的分数反馈，方便学生记录课堂得分。每节课发言总分最高的小组获最佳表现奖，课程结束时小组总分排名前两名的小组成员有加分奖励。每节课后教师及时公布小组总分及排名情况，鼓励学生下节课积极表现。

（二）教学资源

在理论基础上，参考了萨维科斯、班杜拉、里尔登等学者的经典英文文献和书籍，如社会认知职业理论、生涯适应力理论、社会学习理论、认知信息加工理论。在教学设计上，参考了《四元八步：脑友好型课程设计》的理念，课堂每20分钟左右传递一个相对完整的内容，每隔8～10分钟变换一次教学活动方法，以保持学生的精力和注意力。除此之外，课程内容还参考了《能力陷阱》《幸运绝非偶然》《斯坦福大学人生设计课：如何设计充实且快乐的人生》《思辨与立场：生活中无处不在的批判性思维工具》等具有时代特色和创新思维的书籍，确保教学内容紧跟时代潮流、具有思辨性与创新性、符合当代大学生的思想特点。为了增加课程的丰富性，教学中运用了大量符合学生兴趣、发展与需求的视频，包括综艺节目《奇葩说》的辩论节选：高薪不喜欢和低薪很喜欢的工作，你选哪个；樊登读书会的讲书片段《意志力》《考试脑科学》《跨越式成长》等。这些视频资料不仅紧扣职业生涯规划课程的教学内容，而且是对课程教学的进一步补充和拓展，有利于加深学生对生涯知识的理解和认识，培养辩证思维和反思能力，实现提升生涯适应力的课程目标。

五、 课程评估

（一） 整体评价

在完成课程后，让学生对课程教学内容和教学形式按照 1～5 分进行评价（见表 0－1），1 表示很不满意，5 表示很满意，分数越高说明满意度越高。通过分析发现，教学内容的平均得分为 4.27，教学形式的平均得分为 4.29。从折线面积图（见图 0－1）可以看出，学生对各个评价题目的平均评分都超过 4 分，这说明大部分学生都比较认同或完全认同课程教学的效果良好。

表 0－1 课程教学内容和教学形式评价

维度	题目
教学内容	课程的教学内容对我了解自己有帮助
	课程的教学内容对我规划大学生活有帮助
	课程的教学内容对我明确职业目标有帮助
教学形式	课程的教学方式让我能很好地理解和学习到生涯规划的知识
	课堂的组织形式让我能积极参与课堂活动，保持良好的学习状态
	完成课程作业可以帮助我加深对知识的理解，并把知识运用于实践

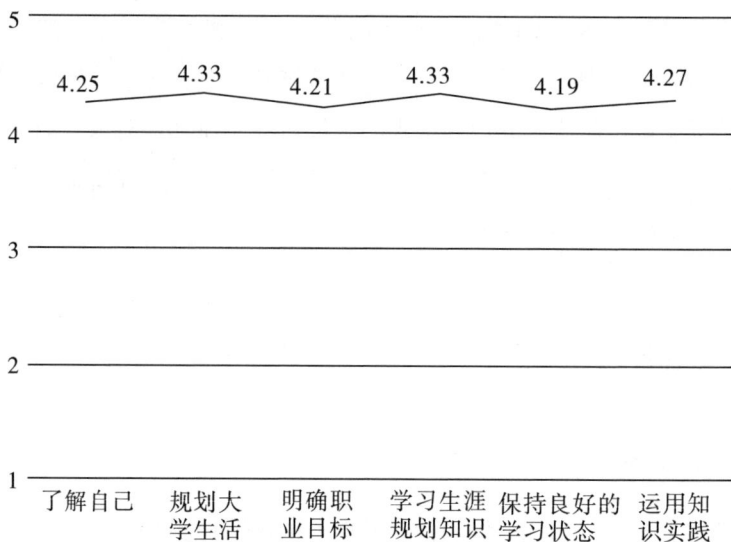

图 0-1　整体评价得分

（二）生涯适应力

从折线图（见图 0-2）中可以看出，生涯适应力问卷中的大多数题目，学生后测的得分都明显高于前测的得分，说明课程的教学效果明显，大部分学生在完成课程后生涯适应力得到显著提高。

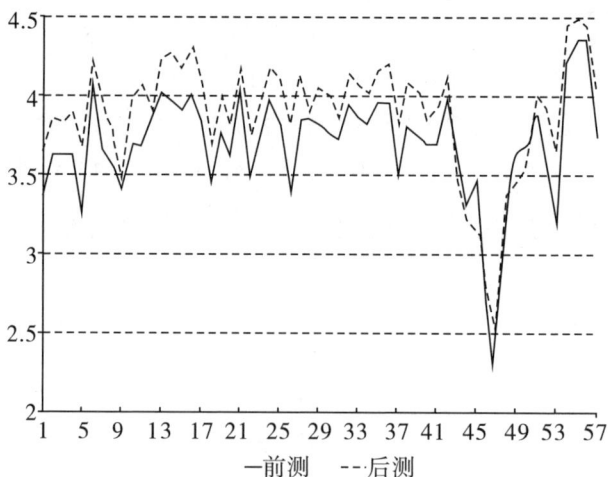

—前测　--后测

图 0-2　生涯适应力得分

（三）学风优化

从环形图（见图 0 - 3）可以看出，全部学生都偏向认同课程设计和课堂形式有助于优化课堂学风的说法，且有 86.5% 对此说法是比较认同或者完全认同的，说明该课程有助于优化学生的课堂学风。

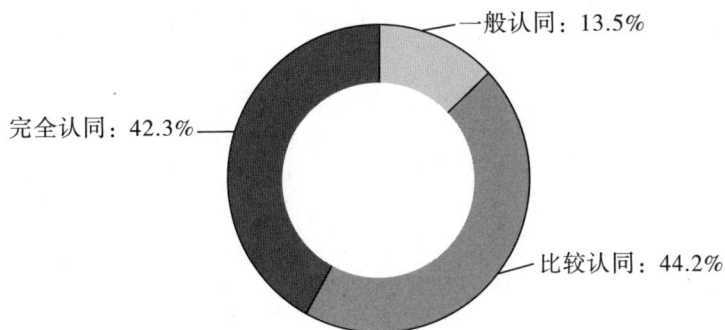

一般认同：13.5%
完全认同：42.3%
比较认同：44.2%

图 0 - 3　学风优化得分

第一章

我的生涯谁做主

职业生涯规划不是预测未来，
而是创造自己的未来。

课程目标

态度：唤醒职业生涯规划的意识，对自己的生涯产生关注并负责任，培育正确的生涯观念。

知识：理解生涯和职业生涯规划的内涵、了解生涯发展阶段理论以及生涯规划的方法和步骤。

技能：通过"职业生涯是否能被规划"的讨论思考生涯规划的意义，学会分析生涯不同阶段的角色和任务。

课程导览

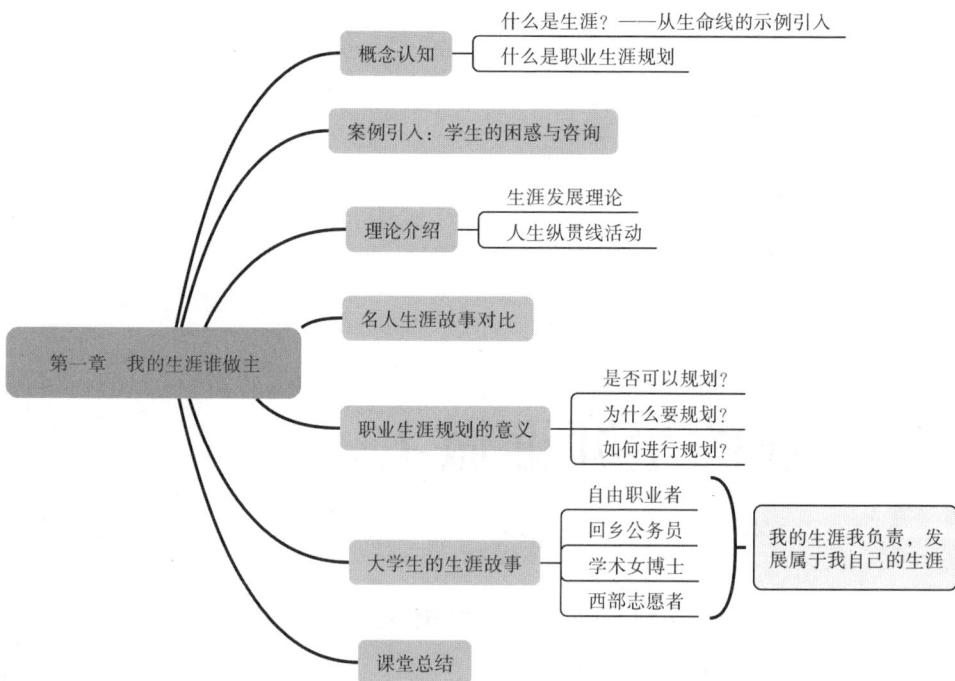

概念认知 —— 什么是生涯？——从生命线的示例引入 / 什么是职业生涯规划

案例引入：学生的困惑与咨询

理论介绍 —— 生涯发展理论 / 人生纵贯线活动

名人生涯故事对比

第一章 我的生涯谁做主

职业生涯规划的意义 —— 是否可以规划？ / 为什么要规划？ / 如何进行规划？

大学生的生涯故事 —— 自由职业者 / 回乡公务员 / 学术女博士 / 西部志愿者 —— 我的生涯我负责，发展属于我自己的生涯

课堂总结

课程知识

◎ 生涯的概念

生涯是指个体所涉及的各种角色、所处的各种环境以及在生活中所经历的各种有计划或者非计划的事件。生涯统合了人一生中依序发展的各种职业和生活角色。

> **讲解重点**
>
> 抓住三个关键词：角色、环境和事件。

教师引导

角色——我们需要知道自己是谁？是什么样的人？这是生涯发展中的自我探索。环境——我们需要了解环境的规则以及对我们的要求，这是探索外部世界，尤其是职业世界。事件——我们需要合理应对生活中各种计划或非计划的事件，做到理性决策和有效行动。所以，知己知彼、决策、行动是生涯的三要素。

◎ 职业生涯规划的概念

职业生涯规划是指在实践基础上，根据自身的志向、兴趣、能力、价值观、性格等内部条件，结合时代特点、就业形势、职业环境、组织团队等外部因素进行综合分析与权衡，逐步确定自己的生涯发展方向、目标及路径，并持续采取有效行动去达成目标的过程。

> **讲解重点**
>
> 生涯≠工作；职业生涯规划≠找工作。

教师引导

生涯并不等同于工作，职业只是生涯的一部分，生涯还包括我们生活中的各种角色、休闲爱好、家庭及健康等。职业生涯规划也并非简单地找工作，还涉及职业与个人生涯中其他角色的平衡、个人与环境的适应程度以及职业对生活状态的影响等。

◎ 生涯发展阶段理论

大学生小林，在高中阶段一心埋头苦读，只为考上个好大学，完全没有了解过专业方面的信息，也没有考虑过以后想从事的职业。最后被某大学的英语专业录取。进入大学后，小林忙于兼职、各种校园活动，分身乏术，难以兼顾学习，错过了大一、大二转专业的机会。直到大三，小林才开始考虑考研和职业方向的问题，发现想从事的药剂师工作需要本科就选择药学专业，想从事其他职业又缺乏相关能力。小林现在只想一心考研，无所谓什么专业，希望用考研来证明自己。他纠结于考研的专业选择，很迷茫，前来咨询求助。

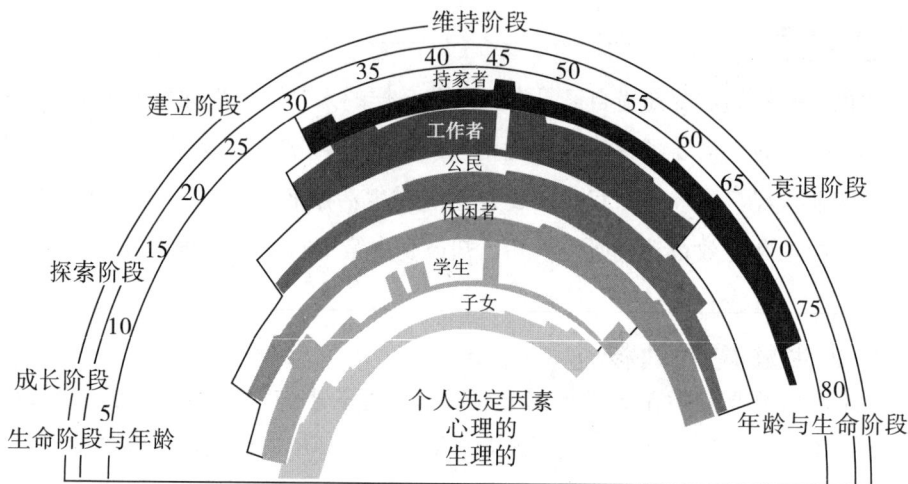

图 1 - 1　生涯彩虹图①

讲解重点

结合一个根据真实大学生咨询案例改编的例子分析生涯彩虹图，讲解生涯发展阶段理论。

教师引导

（1）长度：阶段性的发展。这个图展示了我们从出生到死亡这漫长的一生，而且按不同的年龄段把人生分成了几个阶段，这说明生涯是阶段性的，每个阶段都有自己的特点和任务。过去的阶段造就了今天，就像刚才的例子，小林在中学阶段没有做好专业和职业的了解，导致大学里对专业的迷茫。这就要求我们要把眼光放长远，当下都是在为下个阶段做准备，今天的一切决定了我们的未来。

（2）广度：多元角色平衡。在图上每种颜色代表一个角色，每个阶段由各

---

①　由于本书为单色印刷物，此图六条色带由下往上分别为红色、橙色、黄色、绿色、蓝色、紫色，这里特作说明。

种不同的角色组成，我们需要兼顾的角色在人生不同阶段也会变化。比如小林，在大学阶段，除了为人子女的角色，还是学习者、学生干部、做兼职的工作者，还是发展自己兴趣爱好的休闲者，但是小林没有平衡好这几个角色，忽视了学习者的角色，没有做到平衡发展。

（3）宽度：时间—任务管理。我们可以看到每种颜色在不同阶段有宽有窄，这代表了在不同阶段我们对不同角色投入的时间和精力是不一样的。我们需要明确每个阶段的重点任务，区分任务的重要程度和紧迫程度，做好时间—任务管理。而大学生在大学阶段就要为下一个阶段的职业做好准备和探索，这是作为学生这个角色的重要任务。但是上述案例中的小林，并没有把时间精力重点投入到探索职业目标和考研方向上，因此错失了时机。

（4）这只是生涯彩虹图的一个示例，每个人的生涯彩虹图都是不一样的，需要由我们亲手去绘制。

◎ 生涯规划的意义

教学建议： 教师可以根据自己学校的办学特色和学生的主要毕业去向选择合适的校友生涯故事案例，更能引起本校学生的兴趣和共鸣。

> **讲解重点**
>
> 为什么要进行生涯规划？——每个成功者都是"聚焦者"，规划有利于你"聚焦"于有意义的事情。我们的人生有限，虽然计划赶不上变化，但如果不去规划，我们极有可能把大量的时间浪费掉或放在等待上，如何在有限的时间做有价值的事情呢？生涯规划能帮助我们"聚焦"，而"聚焦"有利于成功。

教师引导

大学生进行生涯规划的意义包括以下四个方面：

（1）规避风险。在进行生涯规划的时候，我们会提前了解不同行业的发展，可以了解或预判到某些行业的衰退和职业机会的减少，我们在职业选择的时候就会避开这些夕阳行业或者容易被人工智能替代的职业。

（2）规划负责"万事俱备"。有人会说，如果把一切都计划好了，那么生活还有什么惊喜呢？事实上谁也无法计划一切，只能准备好基础条件——规划负责

"万事俱备"那部分，而"东风"就是机遇、机缘。就像有句话说："当机会来临的时候，你已经准备好了。"

（3）探索的价值与更多的可能性。我们在生涯规划中探索自我、社会、行业、职业和企业的过程里，可能会有新的发现和机遇，这可能会改变一个人的选择和人生。有人就是在无意间参加了一个活动或认识了一个人，从而发现了职业机会，确定了自己的职业目标。

（4）大局观和整体观。规划让我们把眼光放长远，学会用大局观和整体观看待现在的状态和努力。这让我们遇到困难和挫折时不再纠结于一时的得失和利弊，可以调整好自己的心态。

◎ 生涯规划的步骤和方法

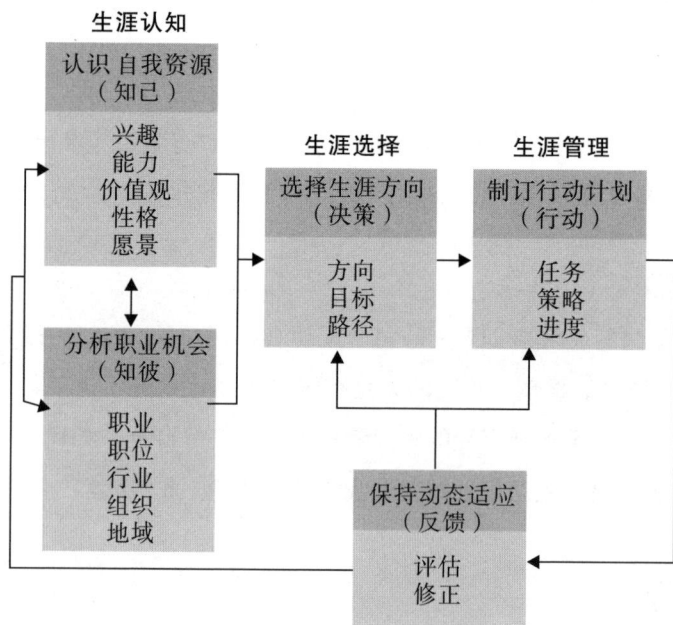

图 1-2　生涯规划的步骤

讲解重点

生涯规划包括生涯认知、生涯选择和生涯管理三个部分。

教师引导

　　首先我们需要认知自己，包括职业兴趣、掌握的能力、价值观和性格、人生愿景等，这是"知己"的部分。其次需要了解职业机会，包括工作领域有什么岗位、有什么行业、不同的组织有什么区别、地域的选择对职业有什么影响，这是"知彼"的部分。接下来进行生涯选择，需要我们做出决策，选择生涯发展的方向、目标和路径。第三步，进行生涯管理，也就是根据目标制订行动计划，包括具体要完成的任务、实现策略和进度情况。

　　生涯规划到这里就完成了吗？并不是，我们知道这个世界是动态变化的。所以我们需要在生涯实践的过程中保持动态适应，及时地根据环境、现实以及自我情况的变化对生涯目标和行动进行评估和修正。因此，生涯规划不是一次性完成的，而是在知己、知彼、决策、行动和反馈中循环往复的，需要随着自身的改变及对世界的了解加深而不断做出纠正。

案例运用

▶生涯的内涵

　　通过一个生命线的示例，我们来体会什么是生涯。思考：这些事件和角色对她的影响，如何使她成为今天的她。

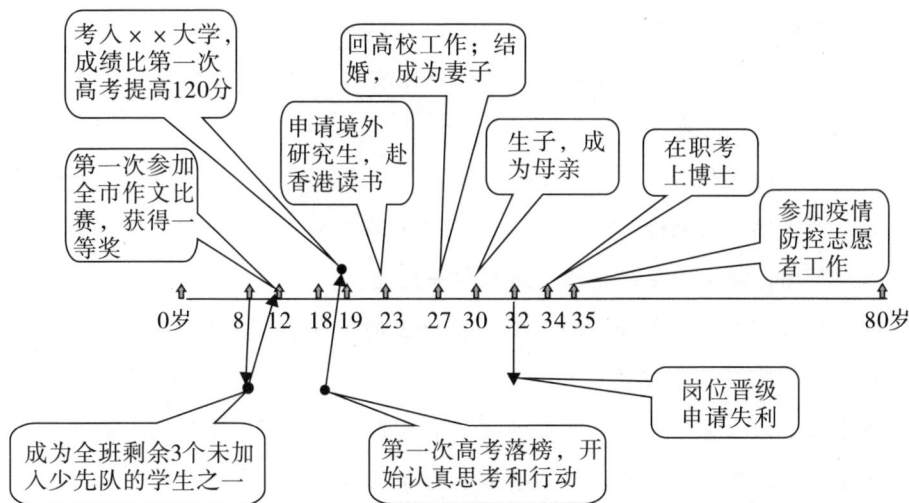

图1-3　生命线示例

▶他们的生涯故事

1. 王潇："她看上去得到了计划中的一切"

在书架上，我发现了一个黑皮记事本，好像是每天早晨我表姐要花十分钟读写的那个。当我翻开来看，我深深震惊了。这本子的内容分为两部分，前面是人生大事年表，后面是一个计划的拆分执行。在大事年表里，起始时间是中学，按年份悉数写下了表姐的大学愿望，一个个具体事项都有达成时间，还有心情批注，一直写到十年后！来到北京当大学老师，与姐夫结婚，这两项明显为最近达成的目标。

之后的目标有：GRE，GMAT，美国大学的录取通知，夫妇赴美，地图标注城市的名字，美国工作的录用通知，房子的样子与规划，她的理想形象，生一个男孩，生一个女孩……

那个暑假之后，我开始默默观察我表姐的人生，比对笔记本中她自己写好的剧本，就像期待一出漫长的剧情。1996 年，我表姐和姐夫先后去了美国读书和工作。现在他们定居在波士顿，生养了一双儿女。表姐已经五十多岁，几乎保持了 1996 年的身材。女儿和儿子分别被斯坦福大学和麻省理工学院录取。

2. 黄渤："三无"男明星成 70 亿影帝

一次偶然的机会，他站上了学校的舞台，尝试过万众瞩目之后，他找到了属于自己的梦想——歌手。中学毕业后，他考上了一所中专的商业管理专业。为了兴趣，也为了能有个一技之长，他在公园门口摆摊为人理发。

毕业了，他心里打定了主意"就是不要什么正式的工作"，和几个志同道合的哥们儿组建了乐队，在地下酒吧一场一场地演出。身边的人唱着唱着都唱成了歌星，他自己毫无起色。

当了 7 年的歌厅歌手、8 年的舞蹈老师后，撞了南墙，就要回头。他终究对生活做出了妥协，回到老家开了一家机械工厂成了小老板。1998 年金融危机来临，工厂倒闭，原本稳定的生活又被搅得一团糟。

歌手梦夭折之后，在好友的帮助下，他出演了电影里面的一个配角。结果，这部戏火了！还得了金鸡奖最佳电影奖。他的人生开启了一扇新的大门——表演，年近三十，准备报考北京电影学院表演专业。第一年，没考上。第二年，还是没考上。第三年才考上北京电影学院配音专业高职班。

讲解重点

通过两个故事的对比，引导学生思考或发言：职业生涯是否可以规划？有人认为人生应该做好万全的准备，慎重地进行生涯选择；有人认为人生计划赶不上变化，还不如顺其自然过好当下。你的观点是什么呢？

教师引导

职业生涯既可以又不可以规划。说"可以规划"是因为确实有职业生涯规划成功的案例，比如故事中的王潇表姐；说"不可以规划"是因为在生涯发展的过程中有太多机遇和运气的成分，这些是我们难以规划的，比如一波三折的黄渤。所以生涯规划与其说是一种技术，倒不如说是一种主动把握自己命运的人生态度。

▶**四个故事，四种人生**

1. 自由职业者

✓剧本杀作者，团队创业，有趣有创意，产出作品

✓幸福的状态：发展兴趣爱好、发挥自身才华、不受约束

2. 回乡公务员

✓家乡体制内，三线城市买房，生活规律，结婚生子

✓幸福的状态：工作稳定、小康生活水平、陪伴父母家人

3. 学术女博士

✓核心期刊发表论文，香港科技大学硕博连读，全额奖学金

✓幸福的状态：专注学术、热爱科研、开拓视野

4. 西部志愿者

✓建设大美新疆，基层服务工作，发扬志愿精神，生活充满挑战

✓幸福的状态：实现自我价值、增加人生阅历、锻炼自我能力

讲解重点

每一种人生都不容易，自由职业者收入不稳定、创业有风险；回乡公务员生活平淡、体会不到大城市的精彩；学术女博士科研压力大、学术生活枯燥；西部志愿者边疆生活艰苦、远离家人朋友。现在你觉得他们这样的生活你还要选择吗？每件事情都有正反两面，如果让你选择，你想要过什么样的生活？

教师引导

每个人都有独特的生涯故事，你的经历、愿望、态度、需求、兴趣、价值观、使命和未来愿景，这些元素共同组成了独一无二的个人形象。每个人都是自己故事的主动建构者，我们能否从工作和生活中获得满足，取决于我们的工作和生活是否与自身的能力、兴趣、人格特质和价值观相匹配以及匹配的程度。

生涯故事受到很多因素的影响，包括家庭背景、社会经济水平、智力水平、个性特征和个人机遇等，所以我们需要客观理性地看待生涯发展。

教学建议：教师可以根据所在学校的办学特色和学生的主要毕业去向，选择合适的校友生涯故事案例，更能引起本校学生的兴趣和共鸣。

课堂活动

教学建议：课堂活动不宜过多，根据课程内容适当选择一到两个活动即可。结合知识点进行体验和讲解，并注重活动后的总结和反思。

✲ 团体活动一：人生纵贯线

假如你现在处于以下年龄段：

6 岁（童年）

18 岁（成年）

25 岁（工作新手）

30 岁（婚育）

45 岁（平衡和发展）

60 岁（退休后）

❖你觉得各个阶段有哪些角色？角色分配比例如何？请画出角色饼图。

❖你认为对应年龄的人生口号是什么？

❖如果让你对前一个年龄段说一句嘱托和对后一个年龄段说一句叮咛/期待，你觉得是什么？

活动时间：25 分钟左右。

活动准备：以报数的形式分组，每组 5~6 名学生。每个小组派发一张大白纸，若干彩色笔。

教师引导

在黑板上画一个角色饼图作为示例。在活动过程中观察每组学生的进度，适当提醒学生注意时间。全班大致完成后，请每个小组选派一名学生发言汇报活动成果。

活动总结

（1）未来的生涯想怎么发展、怎么生活是掌握在自己手中的，有的人生角色我们无法决定（比如为人子女），有的可以由我们自己选择（比如是否婚育）。

（2）教师可结合活动中的实例说明不同的人对每个阶段的人生角色比例分配可能不一样，这取决于每个人的人生观和价值观（例如同样是退休后的阶段，有的小组认为重点角色是持家者，应该享受儿孙满堂的天伦之乐。有的小组认为重点角色是休闲者，应该留给自己更多时间发展兴趣爱好）。学生需要思考：当小组成员对不同角色的比例分配产生分歧时怎么办？

（3）这个活动给予我们纵观一生的视角，审视现在的生活。学生需要思考：我要怎么做才能过上我理想的生活？

❋ **团体活动二：生涯幻游**

活动时间：10 分钟左右。

活动准备：播放生涯幻游的音频，并通过关掉灯光、保持安静等手段营造课堂的沉浸氛围，使学生可以投入其中。

教师引导

请学生分享刚才你想象到十年后的自己是怎么样的？描述十年后典型的一

天，越详细越好。包括从事的工作内容、工作的场所、周围的环境、周边的人群；婚姻状况、家庭成员、居住的场所、居住的环境等。并说明进行生涯幻游时，印象最深刻的画面是什么？在进行生涯幻游后，最深的感受是什么？在进行生涯幻游后，你觉得未来的生涯发展会是怎么样的？

活动总结

引导学生反思——对旅程中十年后的自己还满意吗？如果我按照现有的人生轨迹发展下去，十年后，我能成为旅程中的自己吗？我应该怎么做，才能成为十年后那个期待的自己？

✲ 团体活动三：我的生命线

活动时间：10 分钟左右。

活动准备：若干 A4 白纸和彩色笔。

教师引导

首先，在白纸上画一条直线。这条直线代表了你生命的长度。直线的两端分别代表你生命的开始和结束。你希望自己可以活多久？请在直线末端写下你期待的年龄。其次，在这条生命线中标出你现在的年龄点。接下来，回顾你过往生命历程中发生的重大事件，在直线上方写出两到三个对你有积极影响的事件，并在直线的相应位置上标明年龄，在直线下方写出两到三个对你有消极影响的事件，并在直线相应位置上标明年龄。

活动总结

鼓励学生在班上或小组内分享自己的生命线，引导学生反思生命线活动带给自己的感想，并思考这样做对自己未来的生涯发展有什么启发。

课程思政

1. 个人生涯的意义

职业生涯具有以下特点：第一，职业生涯有社会属性。职业生涯的发展和社会环境的发展紧密相关，个人的生涯发展并不是孤立存在的，会受到社会趋势、国家政策、经济形势等多方面影响。因此，大学生进行职业生涯规划离不开形势与政策教育，社会形势变化和国家方针战略关乎个人一生的成长和发展。第二，职业生涯是动态发展的。个人在生涯不同阶段对于自我概念和职业的认知会不断变化，大学生正处于探索职业价值和明确生涯意义的关键阶段。高校职业生涯教育需要从大局观和发展观的角度对大学生的生涯意识和职业观念进行适当的引导，重视引导学生在职业生涯中把个人价值和国家利益相结合。第三，职业生涯有无限可能性。随着时代的进步和社会的发展，个体的职业路径和方向呈现出多样化的趋势，高校毕业生的发展方向有了更多选择。职业生涯中的重要决策体现了个人的价值观，生涯教育通过对大学生价值观的塑造和培育，在潜移默化中影响其职业选择，并持续性产生积极正向的效果。

当今，随着各种不良思潮涌入社会，有不少大学生在职业探索的过程中迷失自我、丧失理想信念，缺乏正确的个人价值观与就业观。在复杂的社会环境中，我国高校要坚持正确的政治立场，以习近平新时代中国特色社会主义思想作为指导思想，以奉献精神和时代价值作为个人职业生涯规划的目标，将立德树人融入高校职业生涯教育之中，这既对大学生提出了全面发展的更高要求，也为大学生的生涯发展指明了方向。

2. 个人生涯规划与国家发展结合

在课程思政的背景下，将立德树人融入大学生职业生涯规划教育，有必要引导大学生树立远大抱负，践行中国梦的理想与追求。首先，强化大学生立德树人的学习理念，加强德育意识的培养，引导大学生以德立身、以德立学。职业生涯规划的前提是探索自我、认识自我，了解自己的兴趣爱好和技能特长，深层挖掘个人的价值取向，在此基础上引领大学生跳出职业生涯以就业为导向的传统思维模式，弱化大学生个人的就业功利心理。其次，职业生涯规划课程坚持以学生为本的思想理念，注重培养大学生的社会责任感和使命担当意识。充分尊重和重视大学生的主体地位，坚持以学生为本，加强对大学生的职业理想和信念教育，将社会主义核心价值观融入职业生涯规划教育之中，实现高等教育的育人目标。通过职业生涯教育，让大学生意识到自己肩上的责任，树立远大理想信念，引导大学生将个人职业理想与社会理想相统一，为实现中华民族伟大复兴的中国梦而努力奋斗。

讲解重点

启发学生思考如何把自己的生涯与国家发展、社会需要联系起来，创造自己生涯的意义。要做好职业生涯规划的课程思政教育，就必须通过课程内容和课程设计培养大学生对国家的使命感和责任感。在当前国家政策新方向的指引下，城乡基层、中西部边远地区迎来了历史性的发展机遇，中西部地区及基层服务岗位迫切需要大量人才。高校有必要以课程思政的形式鼓励大学生主动适应经济社会发展需要、支援国家中西部建设。这不仅有利于缓解部分经济发达地区日益严峻的就业压力，还有利于实现高素质人力资源的合理配置。职业生涯规划课程需要以"立德树人"作为生涯教育的中心思想，切实有效地引导大学生调整就业期望值，科学定位自身发展，培育建设基层、投身基层的职业信念和无私奉献的职业精神。

教师引导

在职业生涯规划课程中对大学生进行思政教育的关键在于如何在课程教学中传递正能量，使大学生树立符合国家当前发展需要的就业观，这需要教师从职业生涯规划、就业政策宣传、就业观念引导等各方面对学生进行以"立德树人"为指导思想的教育，立"奉献社会、投身国家建设"的"德"，真正树"社会主义事业建设"的"人"。具体包括：

（1）以学生为中心，完善职业生涯规划课程中的课程思政环节，提高思想政治教育质量，以当代大学生的思想特点和毕业意向为切入点，对其进行有针对性的思想引领。

（2）加强对国家基层就业、创业政策的宣传解读，强化大学生服务基层的意识，要将基层就业与"社会主义核心价值观"、实现"中国梦"充分结合，以生涯教育为抓手，鼓励大学生响应国家政策积极参与西部计划、基层就业等。

（3）树立典型，以大学生身边的人和事作为榜样，以"近距离"传递正能量为方法，使大学生在情感上逐渐消减对基层就业、边疆支教的偏见。

教学案例

支教千里点亮精彩青春——深大"校草"王国超

自大一加入志愿者队伍 4 年以来,王国超共获得 8 个"优秀义工"称号。在加入深圳大学义工联的 3 年里,他感受到了爱心传递的快乐与满足,这使他更加坚定了自己的理想——服务社会。王国超说:"结束上一次支教时,我跟学生约定一年后再回来。虽然辛苦,但艰苦的环境磨砺了意志,淳朴的学生教会我生命本真。"通过支教,他坚定了当一名教师的理想:"学校是打造梦想的地方,教师是引导学生实现梦想的一盏灯。我愿用微薄力量,助他们走出大山。"

当众多的毕业生选择出国、工作、创业或读研时,王国超作为 2019 年深圳唯一参加"西部计划"西藏专项项目的大学生,踏上了去西藏自治区林芝市察隅县中学支教的征途。在他看来,支教就是将青春绽放在祖国最需要的地方。从南海之滨到雪域高原,从林芝市到察隅县要翻越两座海拔超过 4 500 米的雪山。约 530 公里的路程,王国超与同伴足足走了 12 个小时。

刚到察隅县中学时他任教英语,半年后又因学校需求变身为政治教师。支教期间,生物技术专业的王国超不仅开设了察隅县第一个口琴班,还化身生物老师带领学生制作标本。他教学生跳七县民族舞课间操,搭建"树洞信箱",解答学生心中疑惑。他还是兼职理发师,定期为寄宿学生剪头发。

回顾自己的支教经历,王国超总结道:"时刻要求自己保持一颗感恩的心,遇到挫折不抱怨,遇到困难更努力。坚持国家利益至上,努力促进学校发展,自立自强,不断减轻父母生活压力!不忘初心,永怀感恩之心;感恩社会、感恩亲人、感恩曾经帮助过我的每一个人。"

课程总结

1. 立足过去,关注当下,联结未来

职业生涯规划不是只关注当下,更不是迷失在过去和未来之中。我们需要不断评估自己以及职业生涯的道路,不断修正自己的职业规划。生涯规划并不是寻找绝对"正确"的唯一的职业,而是寻找一系列的备选方案和职业选项。真正好的人生状态是:我发现了好几个适合自己的选择,而且决定从某个选择开始先试试。因为如果你没有真正行动,根本不知道自己会遇到什么困难,所以不妨通过自己的实际行动,去真实地体验某一项工作,在尝试中不断加深自己的认知,从而帮助自己做出判断。

2. 不是预测未来，而是创造自己的未来

从生涯建构主义理论的角度，我们进行生涯规划的思维应该从"寻找适合我的生涯（being）"转变为"发展属于我自己的生涯（becoming）"。"适合"是一个动词，它会随着我们的成长而改变，因此"最适合"是不可确定的。职业生涯规划课程并不一定在几节课后能明确告诉你一个唯一正确的职业目标，课程更重要的是教给你职业生涯规划的理念、方法和工具，让你在未来几年的大学生活里去尝试和探索自己的职业目标。生涯规划并非要求我们要"做出决定，坚定推进"，而是可以"边走边看，低成本试错"。生涯规划是伴随我们一生的，在不同的人生阶段会遇到不同的生涯困惑，本课程是为大家打开生涯规划的大门，希望大家用学习到的生涯规划理论和方法在未来的生涯中持续地修炼。

课程作业

在接下来八周的课程结束时，你觉得这两个月的课程时间没有白费，甚至带着收获离开教室，那是因为你得到/学到/收获了什么？

1. _____

2. _____

3. _____

为了实现这些目标，你觉得是因为你在课堂上做了什么？课后做了什么？或者是因为其他什么行为？

1. _____

2. _____

3. _____

知识拓展

1. 后现代主义

纵观西方教育的发展历程，先后经历了"前现代""现代""后现代"三个阶段。前现代教育认为上帝是万物的主宰；现代教育则崇尚科学，崇尚理性；后现代教育打破了人的主体性的现代理念，给予人和人性研究更多的解放和自由。后现代主义理论是以建构主义为基础的理论，由追求唯一的真理转移到认可多元的观点。后现代主义理论不再局限于问题本身，而是将重心转移到问题解决，关注个人能否突破障碍，发挥潜能，以及拥有实现理想的信心并付出行动。后现代主义具有解构性、多元性、开放性、平等性等特征，对高校职业生涯规划课程在教育目标、教育方法、教育内容、教育地位等方面有着重要的启示。

（1）在教育目标上，后现代主义反对一种"权威的声音"，试图寻找"各种不同的声音"；反对教育的"同一性"，强调教育的"差异性"。高校职业生涯规划课程要实现从传统的关注"人类"到关注"人"的转变，批判和解构成型的稳定范式，重在培养适合学生个体发展的职业素质，塑造创造性和开放性的人格，使个体创造真正属于自己的人生。

（2）在教育方法上，后现代主义主张构建多元目标、多元知识、多元评价标准的课程体系，能从不同角度关注课程中与学生的对话。高校职业生涯规划课程宜采用体验式的教学模式，通过设计活动、获得体验、引发对话，使学生获得更新、更深层次的认知和情感。活动设计要注重真实性、开放性和典型性，只有符合学生实际、有发散性且具有普遍性的问题才能引起学生的兴趣和共鸣。

（3）在教育内容上，后现代主义的多元化对各种主流、非主流的文化、知识和价值给予足够的尊重。职业生涯规划课程的内容不再要求"大"而"规范"，而是要求"微"而"多样"。因此，教学既要坚持讲授生涯规划的基本知识，还要结合心理学、社会学、政治学、人力资源管理学等多学科的知识，消除学科之间的界限，促进学生成长，实现多学科融合。

（4）在教育地位上，后现代主义提出教师是"平等中的首席"的理念，认为只有建立融洽平等的师生关系，才会更好地启迪学生思维、激发学生探索。在备课阶段，教师不仅要通盘考虑教育目标和教学内容，还需要根据学生的实际认知水平和思维能力，设计具体的教学环节，做好课堂方案的策划工作。在上课阶段，教师要用心倾听学生的发言和发现学生描述性语言背后的隐喻意义，以同理心去理解学生、达到共情。

具体运用在课程设计中，与学生的对话包括三个方面：一是教师和学生之间的对话。通过师生之间的对话，帮助学生培养纵向思维，促进其深入和广泛思考，有利于激发学生向高难度知识挑战。二是学生和学生之间的对话。通过朋辈之间的对话，学生从被加工的客体转变为活动中的主体，避免"惰性知识"的获取。三是学生和社会之间的对话。对话不仅仅包括"言"，还包括"行"。对话不仅发生在课堂内，还产生于课堂外，教师通过课程任务促进学生在实践中体验，将外部世界和内部世界联结起来，引导学生实现由"知"到"行"的转变，达到认知上的一种平衡。

表 1-1　后现代主义理论

理论名称	作者	主要观点
个人建构理论	乔治·凯利（George Kelly）	强调人对自身主观世界的主动认知性的构造。认为在个体的认知系统中有一个秩序井然的组织，组织的各个部门相互关联
故事叙说取向的咨询理论	麦克·怀特（Michael White）& 大卫·爱普斯顿（David Epston）	核心是帮助个人做出正确的生涯发展决定，其目标是要促进个体展开有效的生涯行动以及帮助来访者观察行动背景，即行动的诱因和动机
限制—妥协理论	高特弗莱德森（Gottfredson）	关于职业抱负的内容及发展过程的理论。认为职业抱负是一个开始于童年的发展过程，反映人们实施自我概念的努力，职业满意度取决于选择和自我概念符合程度
心理动力论	鲍丁（Bordin）	强调个人内在动力和需要等动机因素在个人职业选择过程中的重要性
社会认知理论	兰特（Lent）	其理论内涵由三个分段模式组成，包括兴趣发展模式、职业的选择模式和表现及成果模式，共有三个相互影响的核心变量，即自我效能、结果预期及个人目标

2. 生涯建构理论

生涯建构理论（Career Construction Theory）由美国学者萨维科斯于 2002 年正式提出，以凯利的个人建构理论为依据，探讨个体如何通过一系列有意义的职业行为和工作经历来建构自身职业生涯发展。在职业匹配理论、职业成熟度理论的基础上，生涯建构理论进一步提出：个体应综合考虑自己的过往经验、当前感受以及未来抱负做出职业行为选择，职业生涯发展就是个体围绕职业生涯这一重要人生主题而展开的内涵丰富的主观建构过程。

生涯建构理论认为个体生涯发展的驱动力并不是随着年龄日渐成熟的内在结构本身，而是"适应"，即个体在内部世界与外部世界的相互碰撞与适应中通过个人建构和社会建构来塑造生涯世界，并产生适应性的应对策略。该理论强调个体积极主动地适应环境，彰显出主观能动性在人与环境的良性互动中所具备的重要作用。同时，个体将与过去记忆、当下经历及未来期望相关的个人意义赋予生涯之中，将其调整与整合，创造有意义的生命故事，实现自我概念。"自我概念"指个人对自己的兴趣、能力、价值观及人格特征等方面的认识。一个人的自我概念在青春期之前开始形成，至青春期发展逐渐明朗，并于成人期转化为职业生涯的概念。对于每个人来说，生涯建构过程犹如人们亲身演绎一个自己当主角、以职业生涯发展为线索的人生主题故事。在这个故事中，内心世界和外部环境之间不断"互动—调整"以追求达到某种相对适应的状态。

该理论将"生涯适应力"（Career Adaptability）作为核心概念，认为生涯适应力是一种心理社会结构，是个体在应对当前和临近的生涯发展任务、生涯转换和生涯问题时的准备程度和心理资源。萨维科斯提出由生涯关注（指个体对他自己未来生涯能够有所关注）、生涯控制（指个体相信他们对建构自己的生涯是可以自我决定和负起责任的）、生涯好奇（指个体的好奇态度）和生涯自信（指个体对自己解决生涯问题能力的信心及其自我效能信念）四个维度界定生涯适应力。分别对应"我有未来吗""谁拥有我的未来""未来我想要做什么"和"我能做到吗"四个重要的职业生涯发展问题，体现了个体在生涯发展过程中面对挑战所具备的核心能力。

3. 舒伯的职业生涯阶段理论

舒伯（Donald E. Super）重在对个人的职业倾向和职业选择过程本身进行研究，他把人的职业生涯发展划分为五个主要的阶段：成长阶段（0—14岁）；探索阶段（15—24岁）；建立阶段（25—44岁）；维持阶段（45—64岁）；衰退阶段（65岁以后），每个阶段的特点和具体发展任务如表1-2所示。舒伯除了将职业生涯划分为五个阶段外，还将成长阶段、探索阶段、建立阶段各分为三个子阶段。其中成长阶段包括幻想期、兴趣期、能力期；探索阶段包括试探期、过渡期、实践期（发展任务如表1-3所示）；建立阶段包括承诺和稳定期、发展期、职业中期危机阶段。每一阶段都有特定的生涯发展任务需要完成，以达到一定的发展水平或成就，而且前一阶段任务的达成与否关系到后一阶段的发展。

表 1-2　生涯发展阶段的特点与任务

阶段	年龄	特点	发展任务
成长阶段	0—14 岁	个体开始认识自我并发展自我概念，并对周围的人的工作角色有初步的认识	发展自我概念，发展对工作世界的正确态度，并了解工作的意义
探索阶段	15—24 岁	发展自我形象和对工作世界的正确态度，并了解工作的意义	发展工作的相关技能，使职业偏好逐渐具体化、特定化并实现职业偏好
建立阶段	25—44 岁	个体开始真正地尝试并且建立自己的职业角色，在一段时间的努力工作后，继续保持学习状态去稳固自己的职业"位置"	在适当的职业领域稳定下来，巩固地位，并力求晋升
维持阶段	45—64 岁	个体仍希望继续维持属于他的工作"位置"，同时会面对新的人员挑战	维持既有的成就与地位，更新知识与技能，创新
衰退阶段	65 岁以后	由于生理及心理机能日渐衰退，个体开始退出自己的职业角色，寻求新的生活方式，以不同方式替代和满足需求	减少在工作上的投入，计划安排退休生活，退休

表 1-3　生涯探索阶段的任务

阶段	年龄跨度	时期	发展任务的重点
探索	15—17 岁	试探	通过学校生活、社团活动、兼职、休闲等机会，对自己的兴趣、能力、角色、职业偏好等进行探索
	18—21 岁	过渡	进入就业市场或接受专业训练，将一般性的职业偏好转化为具体的职业选择
	22—24 岁	实践	个人初步确定自己的职业，并试验其成为长期发展领域的可能性

舒伯提出可以用"职业成熟度"来衡量个人为职业选择而做的准备的状况。所谓"职业成熟度"是指与个人年龄相匹配的职业行为的发展程度和水平。舒伯认为职业成熟度应包括以下五个方面的内容：①职业选择的取向，即个人对职业选择的关注及运用各种资料解决问题的能力。②搜集资料与制订计划能力，指搜集有关的职业资料并制订计划的能力。③职业选择的一致性，指在个体发展过程中，其前后所选择的职业的范围、层次的稳定性与一致性。④人格特征的定型，指与职业有关的特性（如性格、兴趣、独立性等）的定型程度。⑤选择职业的理智性，指职业选择与其能力、活动、兴趣、社会背景吻合的程度。

后期舒伯提出了一个更为广阔的新观念——生活广度、生活空间的生涯发展观，此理论将生涯发展阶段与生活角色彼此交互影响的状况，描绘出一个多重角色生涯发展的综合图形。这个生活广度、生活空间的生涯发展图形，舒伯将它命名为"生涯彩虹图"（Life-career Rainbow）。彩虹图的生活广度涵盖了个体的一生，生活空间反映了个体在不同的生命阶段需要承担的生活角色。这些生活角色因人而异，不同的人在同一个阶段的生活角色可能不尽相同，而在不同的生命阶段可能有相同的角色。因此，每一个人都有自己独一无二的生涯彩虹图。

推荐阅读

1. 金树人. 生涯咨询与辅导［M］. 北京：高等教育出版社，2007.

2. 塞缪尔·H. 奥西普，路易丝·F. 菲茨杰拉德. 生涯发展理论：［M］. 4版. 顾雪英，姜飞月，等译. 上海：上海教育出版社，2010.

3. E. H. 施恩. 职业的有效管理［M］. 仇海清，译. 北京：生活·读书·新知三联书店，1992.

4. 侯志瑾，常雪亮. 团体的力量：学生生涯团体辅导手册［M］. 北京：清华大学出版社，2017.

5. 王潇. 按自己的意愿过一生［M］. 杭州：浙江文艺出版社，2016.

第二章

读大学究竟读什么

充实度过大学四年，
夯实职业生涯基础。

课程目标

态度： 明确大学对生涯和职业的意义，对自己的生涯产生关注并负责。

知识： 理解大学期间的生涯任务，并知道如何充实地过好大学生活。

技能： 把生涯发展的意识落实到大学生活中，学会合理规划大学生活。

课程导览

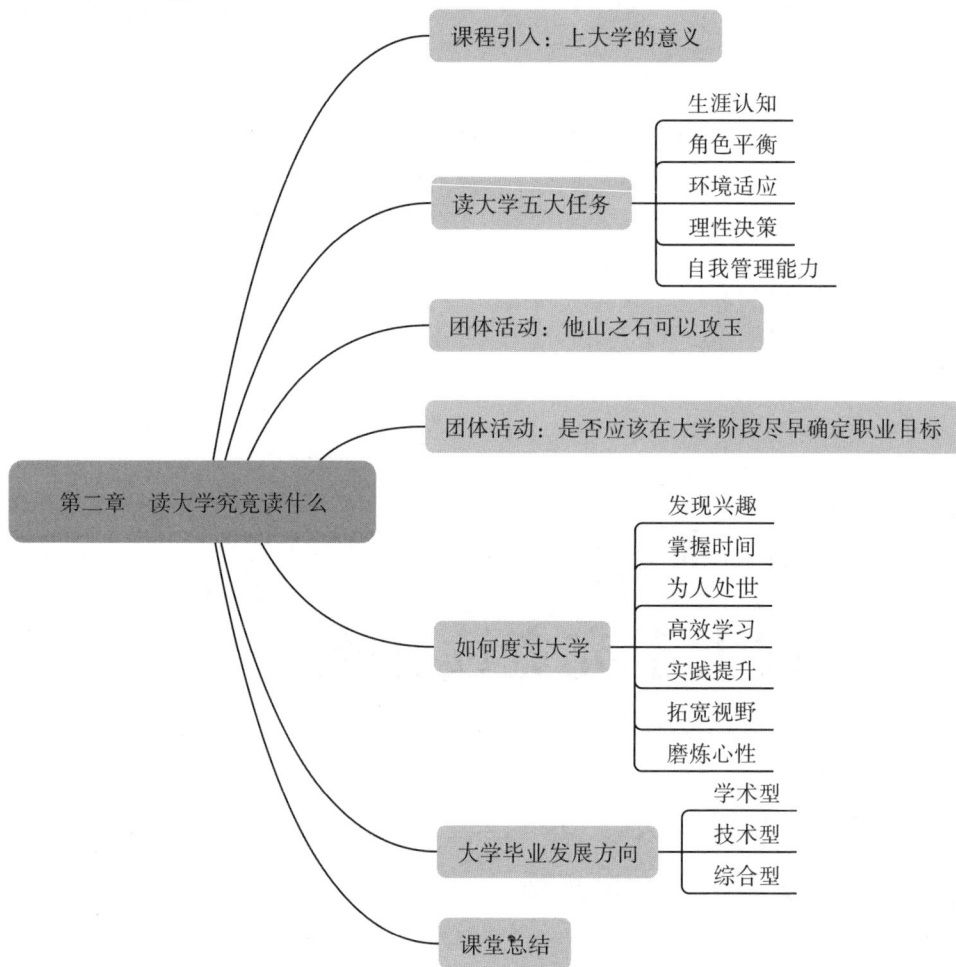

课程知识

◎ **读大学五大任务**

　　生涯认知： 自我认知、现实（职业）世界

角色平衡：时间任务管理

环境适应：人际交往与关系处理

理性决策：转专业、双学位、考研、出国、创业

自我管理能力：学习能力、执行力、自控力

讲解重点

通过生涯认知、角色平衡、环境适应、理性决策、自我管理能力五个方面的分类，抓住关键词展开阐述，引导学生建立积极的生涯意识，规划自己的大学生涯，并把生涯规划的意识落实到大学生活的行动中。

教师引导

从生涯规划的角度，读大学有这五大任务，大学生需要在大学四年里完成这五个方面的自我提升和能力培养。

（1）生涯认知：很多学生在中学阶段都"一心只读圣贤书"，并不真正了解自己，不知道自己喜欢什么、擅长什么。所以在大学里就需要多去尝试和探索，发现和明确自己的兴趣、特长、能力以及价值观念。另一方面，进入大学相当于一只脚踏入社会。我们除了需要了解社会的规则、大学学习和环境对我们的要求，更重要的是了解职业世界，在大学里通过各种途径了解不同职业的工作性质、内容以及岗位要求，并且结合对自我的了解确定职业目标和方向。

（2）角色平衡：大学生在进入大学之前，生活角色比较单一，学习者的角色占了大部分时间。但进入大学，除了学习者，我们还可能是社团的学生干部，或者是兼职实习的工作者，还可能是男女朋友的身份，这就需要培养时间管理的能力，规划好生活和时间，平衡不同的角色，才不会顾此失彼、本末倒置。

（3）环境适应：不少大学生都是第一次离开家庭和熟悉的环境，独立参与团体和社会生活。这就需要学习跟不同的人打交道以及处理各种人际关系问题的技巧，培养和锻炼沟通合作能力。如何与同学、朋友、老师以及社团的同事相处成为大学生学习内容的一部分。

（4）理性决策：很多学生都习惯性地依赖父母和老师来替自己做决定，比如高考志愿填报。但进入大学，作为一个成年人，我们就要学会自己做决策，并且为决策负责。大学里有很多重要的甚至关乎一生的决策，包括是否转专业、是

否修双学位、是考研还是出国、该不该创业等，都需要理性看待。

（5）自我管理能力：在进入大学前，我们的时间和生活主要由父母、老师和学校安排；而进入大学后，我们会有大量自由安排的时间。然而大学里的诱惑和干扰很多，容易让人迷失方向，这就需要大学生有良好的执行力和自控力。

◎ 如何度过大学？

对于将生涯规划的意识转化为行动，充实精彩地度过大学四年时间，为未来的职业生涯夯实基础，可以从如下七个方面去行动：

（1）发现兴趣：开拓视野，树立志向；

（2）掌控时间：用计划合理安排生活；

（3）为人处世：培养友情，融入群体；

（4）高效学习：保持专业好成绩；

（5）实践提升：有针对性地参加比赛；

（6）拓宽视野：多读书，读好书；

（7）磨炼心性：适当独处，学会放弃。

※ 讲解重点一： 发现兴趣——开拓视野， 树立志向

── 教师引导 ──────────────────────────

1. 积极体验，试错优选

积极体验各种活动，接触不同的事物：图书馆资源、旁听课程、工作坊、听讲座、企业参访、兼职实习、社团活动、与师兄师姐和校友交流、各种比赛、创业项目、科研项目、国际交流生……勇敢地给自己更多的选项，从而找到你感兴趣的方向，树立自己的目标和志向。

2. 合理利用学校丰富的资源

选修相关课程、参加讲座和工作坊、预约职业生涯咨询、进行职业测评、关注相关的公众号、参加就业和创业实践基地实习、申报和参与创业园项目、参加各类创新创业的比赛、加入职业生涯发展协会和各类专业协会等。

3. 从目标出发，以终为始

客观地评估距离自己的目标和理想还差些什么？下一步该做的，就是制定具

体的阶段性目标，一步步向自己的理想迈进！

教学案例

　　李开复一生的目标是"要让我的影响力最大化"，但他发现自己最欠缺的是演讲和沟通能力。他以前是一个和人交谈就会脸红，上台演讲就会恐惧的学生，做助教时表现特别差，学生甚至给他取了个"开复剧场"的绰号。因此，为了实现他的理想，他给自己设定了多个提高演讲和沟通技巧的具体目标。如今李开复已经成为一个面对几千人大场面也毫不怯场的演说家。

　　4. 找到当下差距
　　了解达成目标、实现志向所需的知识和能力，并认真剖析自己的现有水平，通过比较找出差距所在。

表 2 - 1　目标要求与当下差距

类别方面	岗位要求	目前情况	努力方向
思想观念			
知识储备			
能力技能			
心理素质			

※ 讲解重点二：　掌控时间——用计划合理安排生活

教师引导

　　初入高校，有些同学表达了这样的想法——"大学和高中相比似乎没有什么太大的区别，每天依旧是学习，每次考试后依旧是担心考试成绩……不同的只是大学里上网的时间和睡觉的时间多了很多，压力也小了很多。"

　　在大学里，学生有了更多可以自由支配的时间，但同样我们也有更重要、更有挑战的任务——做好时间管理和任务管理、把握生活角色平衡。关于时间管理、任务管理，推荐的阅读书目有：《五种时间》《做事的常识：事情一来，马上就知道怎么做》《小强升职记：时间管理故事书》《如何掌控自己的时间和生活》《高效能人士的七个习惯》《意志力：关于自控、专注和效率的心理学》。

1. 做好任务管理

利用四象限法，根据重要性和急迫性评估事件及任务的优先级，合理地做好安排。提高自己的时间意识：与其省时间，不如省事情。时刻评估自己当下所处理事务的目的、效用、重要性。

· 既紧急又重要：如学习任务，四、六级考试

· 重要但不紧急：如建立人际关系、探索新的机会

· 紧急但不重要：如电话铃声、不速之客

· 既不紧急又不重要：如客套的闲谈、无聊刷新闻

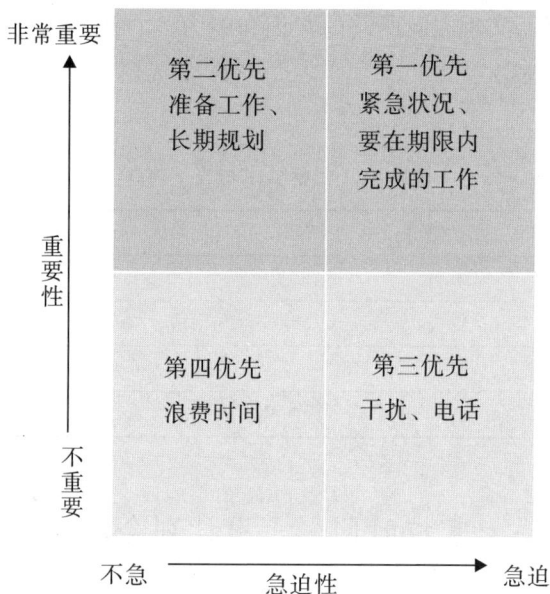

图 2 - 1　任务管理四象限

2. 计划制订的 SMART 原则

· 明确性（Specific）：目标需要具体，例如从"认真学好专业课"具体到"看两本专业方面的原著"

· 衡量性（Measurable）：尽量用量化语言来描述目标

· 实现性（Attainable）：目标要切实可行，把握好"度"

· 相关性（Relevant）：与自己的生涯规划和目标实现相关

·时限性（Time-bound）：明确的完成期限

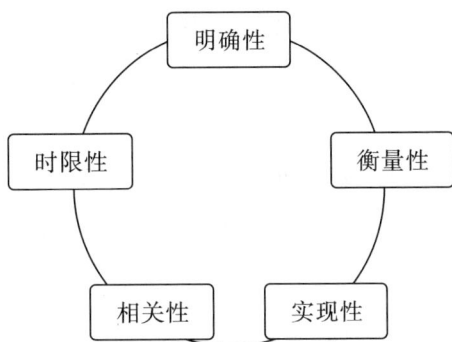

图 2 - 2　SMART 原则

表 2 - 2　可衡量的目标

含糊的目标	较好的目标
更好地完成家庭作业	每天阅读历史书 12 页以上，在下周六晚 10 点前至少要读完 60 页
加强锻炼	在之后的 2 个星期内，每天都在 45 分钟之内走完 5 000 米
获得更多的杂志订单	在下星期之前获得 30 份杂志订单
在网球比赛中表现得更好	在下星期的网球课练习发球，每天至少要有 40 ~ 50 个球落在发球区之内
减肥	在……之前减掉 5 公斤

3. 培养意志力

我们制订每周、每月计划后，发现在实际执行过程中很容易遇到"难以坚持""自控力不强"的问题而导致计划无法顺利完成。因此，我们需要培养和锻炼意志力。方法是集中精力改变一个习惯，就能全方位地提高各方面的意志力。

教学案例

研究者做了一个实验，把被试者分成了三组：第一组人改善自己的理财习惯，通过记账控制消费；第二组人跑步健身；第三组人读书学习。三组人通过三个完全不同的方式去磨炼意志力。结果经过一段时间的训练，发现练健身的那组人在理财方面也出现了大幅的改善，读书学习的人在健身方面也出现了大幅的改善。这是因为他们的意志力提升了，在各方面的行为都会产生相应的变化。

教学建议：该方法来自《意志力》一书中的案例，教师可准备樊登读书会的《意志力》视频片段作为课堂教学视频播放，丰富教学手段。

4. 设定惩罚和奖励

在实现目标的过程中设定惩罚和奖励，可以产生继续前进的动力。你可以试着写出在学习和生活中想要坚持的目标或习惯，然后仔细想想有什么惩罚和奖励能让自己不再半途而废。

同时找到"关键他人"，我们都活在他人的眼光中，所谓自律，不是不计较他人的眼光，而是要找对关键他人，既有正向反馈，又要严格管理。

表 2-3　设定惩罚与奖励

	想要坚持的习惯和目标	惩罚和奖励方式		关键他人
工作		惩罚：		
		奖励：		
学习		惩罚：		
		奖励：		
个人生活		惩罚：		
		奖励：		

5. 目标组合

用习惯培养习惯，建立目标组合，一次做好两件事，达到事半功倍的效果。以一石二鸟的方式培养习惯，不但让你更容易坚持，也会更有成就感。

教学案例

·一边吃饭，一边听网络课程：需要准备好耳机和手机。

·在上下课的路上，一边走路一边思考：需要随时记录重要事项、日程安排和灵感想法。

·在睡觉前阅读学习上需要用到的书，而不是自己喜欢的书：将对专业有帮助的书放在床边，不但能学习知识，也能帮助睡眠。

·一边遛狗，一边慢跑或听歌、听书：需要准备好手机、耳机或随身听。

表2-4　目标组合

现在的习惯		可以同时完成的事
上午习惯	刷牙、上厕所	
	吃早餐	
	走路去上课	
中午习惯	吃午餐	
	刷微博	
晚上习惯	洗澡	
	打扫收拾	

※ 讲解重点三： 为人处世——培养友情， 融入群体

1. 一位大一新生的困惑

"进入大学后，我发现身边有不少同学开朗外向，很容易交到新朋友，我感觉挺羡慕的。我性格比较安静内向，有时候跟同学相处时不知道聊什么话题，好朋友不多。我是否应该改变自己呢？"

—— 教师引导 ——

大学是人生历程中非常重要的阶段，很多人在学校里收获了一辈子的朋友。同时，大学里的同学、朋友、师兄师姐毕业后分布在各行各业，这也是一个积累人脉和拓展资源的大好机会。大学是我们最后一次可以在相对宽松的环境中学习、培养和训练如何与人相处的机会。这是进入社会之前的预备役，对于人际交往能力的提升，我们可以从周围的人身上学习。

尝试去思考：你如何看待人际关系的重要性？你的人际交往能力怎样？你还需要在哪些方面进行提高？

2. 如何提高

在社团里，学习团队合作与沟通能力；在宿舍里，学习人际关系处理；在学院、班级里，通过跟老师、同学、师兄师姐的接触，学习人际交往与社交礼仪。

并对身边优秀的榜样进行观察和模仿：看看他人是如何处理交往中的冲突、如何说服他人和影响他人、如何发挥自己的合作和协调能力、如何表达对他人的尊重和真诚、如何表示赞许或反对、如何在不冒犯他人的情况下充分展示个性等。

关于人际交往管理，推荐的阅读书目：《非暴力沟通》《关键冲突：如何化人际关系危机为合作共赢》《关键对话：如何高效能沟通》《第 3 选择：解决所有难题的关键思维》。

※ 讲解重点四： 高效学习——保持专业好成绩

教师引导

大学生要摒弃"60 分万岁"的思想，在专业上钻研精进，保持优秀的学业成绩不仅对未来深造非常重要，而且也有利于毕业后的求职就业。

有同学会有疑问："出国和考研都需要参考专业排名和成绩，这我可以理解。但找工作为什么会看重大学成绩呢？"

因为无论是求职、出国、考研哪个发展方向，都要面临一定的筛选和考察，在这个竞争激烈的过程中，必然面临一些参考标杆、能力表现的比较和衡量。在求职面试中，优秀的大学成绩是一个学生学习能力强、自控力强的表现。如果同时该学生的实践经历也很丰富，说明其执行力良好、时间管理能力强、能平衡好不同的角色和任务，这些都是应聘时需要重点考察的方面。

教学建议：教师可列举过往优秀学生的案例来讲解。

※ 讲解重点五： 实践提升——有针对性地参加比赛

教师引导

大学里有很多各种各样的比赛，包括演讲类、科研类、创新创业类、营销类、职业规划类等。根据自己的发展目标和职业规划，有针对性地参加一些学科竞赛和相关比赛非常重要。一方面，参加比赛是提高我们团队协作、沟通表达、科研创新等各方面的能力的过程；另一方面，也是争取奖学金、创业机遇以及为留学申请、简历、面试加分的重要机会。

教学建议：教师可列举过往优秀学生的案例来讲解。

※ 讲解重点六： 拓宽视野——多读书， 读好书

教师引导

———————————————————————————————————

大学生应该抓住大学时光多读书、读好书，建立广泛的知识体系，培养综合思维能力，尤其是大部头的名著以及哲学、思辨、历史等方面的书籍。虽然不是每本书看了都能马上派上用场，但是你不知道究竟哪本书以后会有用，就像要想捕到鱼，就必须首先要编织一张渔网一样。所以大学生应该抛弃功利的想法，用好书丰盈和充实自己。

教学建议：教师可为学生列出相关的推荐阅读书单，供学生参考。

※ 讲解重点七： 磨炼心性——适当独处， 学会放弃

教师引导

———————————————————————————————————

大学里我们有了更多的时间，面临更多的选择，也面对更多的诱惑。在这样一个精彩纷呈、自由可控的阶段，独立思考、坚持自我，避免人云亦云就显得尤为可贵。我们需要理解在适当的时候懂得取舍是一种智慧，决定放弃与否的关键在于"成效"二字，在于是否有利于你的目标。策略性地放弃并非示弱，而是一个让你更巧妙地管理生活的策略。

教学建议：教师可列举过往优秀学生的案例来讲解。

◎ 毕业后的发展方向

对于大学生而言，毕业后的发展路径有多种选择，总结起来可以分为三类：学术型、技术型和综合型。在大学期间，根据自己的毕业发展方向做好规划和准备，能让我们在职业生涯发展地图上走得更高效、更轻松。

讲解重点

按照学历门槛、专业限制、技术水平和能力要求等，大学生本科毕业后常见的职业发展方向大体上分为如下三类：

· **学术型**：硕博研究生、科研工作者、研发人员、大学教授等
· **技术型**：工程师、程序员、产品设计师、分析师、财务人员等
· **综合型**：销售、运营、市场、人力、行政、管理等

教师引导

结合大学毕业后不同的职业目标和发展方向，学生在大学四年需要规划学业和生活，在不同的阶段采取不同的行动或参加不同的活动，培养不同的能力并取得成果。以下三种类型的学生发展规划地图可以作为大学生活规划的参考。

表 2-5 学术型发展地图

阶段	阶段目标	需要做的事	重点培养的能力	成果和证明
大一、大二	1. 初步确定研究兴趣 2. 锻炼研究能力	1. 选择自己想深入研究的领域的课程并认真学习 2. 尝试申请 1 项小型的科研项目，或者参加学科竞赛 3. 向 2 个以上不同的老师请教自己研究（设计）的优缺点	1. 提出问题和研究、假设的能力 2. 研究、设计的能力 3. 团队合作的能力	1. 科研项目申请成功 2. 学科竞赛晋级
大三	1. 继续深入学习本专业的理论和实践知识 2. 在初步确定的研究领域深入研究	1. 继续学习专业课程 2. 争取成为 1 名导师的研究助理 3. 完成 1 项科研，并将研究成果写成报告或者论文 4. 完成 1 个学科竞赛	1. 分析数据的能力 2. 整合资料并撰写论文的能力 3. 管理项目的能力	1. 科研项目获奖 2. 学科竞赛获奖
大四	1. 保研 2. 出国读研 3. 考研	1. 联系感兴趣的研究方向的导师 2. 准备研究设计、自我陈述和推荐信 3. 准备保研或者研究生入学考试	1. 跟导师沟通的能力 2. 展现自我的能力 3. 快速学习的能力	1. 论文发表 2. 研究专利 3. 获得录取通知书

表 2-6　技术型发展地图

阶段	阶段目标	需要做的事	重点培养的能力	成果和证明
大一	1. 在专业知识方面打好基础 2. 广泛涉猎，发现自己的兴趣 3. 参加各种社团活动	1. 认真学习通用基础课程和专业基础课程 2. 参加讲座，与老师、学长沟通，发现自己的兴趣方向 3. 留心观察生活中的小问题或者社会的需求，尝试解决 4. 参加至少1个社团或学生会	1. 自我管理的能力 2. 逻辑思维和批判思维能力 3. 任务的执行能力 4. 沟通能力 5. 团队合作能力	1. 学业成绩 2. 参与、组织社团的大型活动
大二	1. 在社团中深入发展 2. 寻找兼职机会 3. 暑假实习（专科则必须实习）	1. 广泛学习所有的专业课程 2. 尝试加入团队，申请1项专业类实践项目，解决生活中的一些问题 3. 在社团中作为主要的组织者组织大型活动 4. 做1份兼职，初步了解职业世界 5. 完成1次暑期实习	1. 了解和运用专业知识的能力 2. 组织管理能力 3. 展示与表达能力 4. 时间管理能力 5. 基本的工作技能（如 office 等）	1. 项目申请成功 2. 成功举办社团或学生会活动 3. 通过兼职赚取生活费 4. 顺利完成实习
大三	1. 完成专业实习 2. 完成研究或实践项目 3. 暑期实习 4. 创业准备（可选）	1. 继续学习专业课程 2. 至少完成1个实践项目 3. 完成1次暑期实习 4. 尝试加入或组织团队做一些小型的创业项目	1. 解决问题的能力和创新能力 2. 管理项目的能力 3. 领导能力 4. 职场行为规范	1. 实践项目获奖 2. 顺利完成实习并获得上级和同事的好评 3. 创业项目完成价值验证
大四	1. 求职 2. 创业	1. 参考多方面因素选择求职或者创业 2. 准备简历和面试 3. 准备商业计划书	1. 展示能力和表达能力 2. 沟通谈判能力 3. 营销推广能力	1. 获得工作录用通知 2. 创业项目赢利或取得融资

表2-7 综合型发展地图

阶段	阶段目标	需要做的事	重点培养的能力	成果和证明
大一	1. 在专业知识方面打好基础 2. 广泛涉猎，发现自己的兴趣 3. 参加各种社团活动	1. 认真学习英语、数学、计算机等通用基础课程 2. 认真学习专业基础课程 3. 参加讲座，与老师、学长沟通，发现自己的兴趣方向 4. 参加至少1个社团或学生会	1. 自我管理能力 2. 逻辑思维和批判思维能力 3. 任务执行能力 4. 沟通合作能力	1. 学业成绩 2. 参与、组织社团举办的大型活动
大二	1. 初步确定自己的兴趣方向 2. 参加科研或者实践的项目 3. 在社团中深入发展 4. 考取相关的技能证书 5. 暑假尝试实习	1. 广泛学习所有的专业课程 2. 尝试加入团队，申请1项小型的科研或实践项目，或者参加学科竞赛 3. 在社团中作为主要的组织者组织大型活动 4. 考取一些必要的技能证书，为以后的实习和工作打下基础 5. 完成1次暑期实习	1. 对专业知识的全面了解 2. 将专业知识应用于实践中解决问题的能力 3. 组织管理能力 4. 团队合作能力	1. 项目申请成功 2. 学科竞赛晋级 3. 成功举办活动 4. 取得技能证书 5. 顺利完成实习
大三	1. 继续学习专业理论和实践知识 2. 完成研究或实践项目 3. 积累实习经历	1. 继续学习专业的课程 2. 根据职业目标有针对性地实习 3. 如果准备读研，争取进入一个导师的实验室从事相关的研究项目或成为研究助理	1. 解决问题的能力和创新能力 2. 项目管理的能力 3. 职场行为规范	1. 项目获奖 2. 学科竞赛获奖 3. 顺利完成实习并获得上级和同事的好评
大四	1. 工作 2. 读研	1. 参考多方面条件选择直接工作或者继续读研 2. 准备简历和面试 3. 准备保研或考研	1. 展示自我的能力 2. 快速学习的能力	1. 获得研究生录取通知书 2. 获得工作录用通知书

案例运用

▶大学生活与生涯规划

引人深思的一封学生来信

李开复老师：

就要毕业了。

回头看自己所谓的大学生活，

我想哭，不是因为离别，而是因为什么都没学到。

我不知，简历该怎么写，若是以往我会让它空白。

最大的收获也许是……对什么都没有的忍耐和适应……

×××

×年×月×日

这封来信道出了不少大三、大四学生的心声。我们踏入大学校园，有没有思考过：上大学的意义是什么？拿个本科文凭？找个好工作？广交朋友吃喝玩乐？谈场轰轰烈烈的校园恋爱？还是像段子说的"University = 由你玩四年"？

表 2-8 大学遗憾排行榜

序号	遗憾之事	遗憾指数
1	没有把握好那些可以让自己变得更好的时间	★★★★★
2	没有早点开始做职业规划	★★★★★
3	没有练就一项让自己立足于社会的本领	★★★★★
4	没有深入了解自己的专业	★★★★
5	没有主动参加任何一个社团组织	★★★★
6	没有常回家看看父母	★★★★
7	不喜欢自己的专业，也没有勇气转专业	★★★
8	没有不为学分纯为兴趣旁听过任何一门课程	★★★
9	没有谈一场恋爱	★★★
10	没有毕业旅行	★★★
11	没有坚持运动，变成了颓废的胖子	★★★
12	没有听过图书馆的闭馆音乐	★★
13	没有一次青春的疯狂	★★
14	没有和室友推心置腹地谈过	★★
15	没有利用学生证半价去看展览、看风景	★★

> **讲解重点**
>
> 通过案例引出讨论，把生涯规划与大学生活相链接，引导学生思考自己的生涯愿景和大学目标。让学生意识到从入学的第一天起，就应当对大学四年有一个正确的认识和规划。

── **教师引导** ──────────────

有媒体统计公布了毕业生的"大学遗憾榜"，排在前三位的是"没有把握好那些可以让自己变得更好的时间""没有早点开始做职业规划""没有练就一项让自己立足于社会的本领"。大学期间，有许多学生放任自己、虚度光阴，还有许多学生始终找不到目标和方向。当第一次被补考通知打击时，当收到第一封来自应聘企业的婉拒信时，学生才惊讶地发现：自己的前途是那么迷茫，一切努力似乎为时已晚……所以，想要毕业时以及在未来漫长的生涯发展中不留过多遗憾，现在就要用心地规划自己的大学生活，认真探索未来的方向。

▶从企业招聘角度看大学生活规划

【××公司区块链项目运营实习岗】

【岗位职责】

1. 协助项目经理开展项目运作，对接协调和收集确认各方需求，独立编辑和撰写文档反馈给产品经理，具备良好的跨部门沟通协调、灵活应变等能力

2. 进行实习生和全职岗位的招聘和管理，提出人力资源管理建议，完成相关制度的体制化建设，具备系统性思维、结构化思维和流程化管理的能力

3. 完成来客参访事项的接待、讲解安排工作，跟进财务报账、专利软著申请等流程，预定会议室，培养足够的关注细节和解决问题的能力

【任职资格】

1. 热爱生命健康行业，对基因组学、区块链、互联网项目等领域充满兴趣

2. 大三以上在校大学生，专业不限，未来职业规划往运营、管理等方向发展，大四保研考研、留学等已经拿到研究生录取通知书的优先

3. 在校期间曾任学生会社团干部，参与过比赛等活动，且取得一定成绩者优先考虑

4. 有项目运营、管理等实习经验的优先考虑

5. 具备优秀的分析及解决问题能力，良好的沟通、逻辑思维、人际交往、压力管理能力及团队合作精神

6. 熟练使用 MS Office 等常用办公软件

7. 实习时长至少 3 个月，可保证实习时长 6 个月及以上的优先考虑

教师引导

面对一则很多学生感兴趣的大公司实习岗位，我们不妨以终为始，从企业招聘的角度对相关的工作要求、岗位职责进行分析，看看大学生在大学期间需要培养哪些方面的能力，进而了解如何做好大学生活规划，毕业时才能符合企业招聘的要求。

活动总结

任职资格 1~2：说明学生需要在大学期间探索行业和职业，找到感兴趣的行业并思考自己的职业规划，明确职业发展目标。同时能够兼顾学习者和工作者的角色。

任职资格 3~4：说明企业看重相关领域的实践经验，要求大学生平衡好专业学习与课外实践的关系，积极参与社团、比赛，主动积累实习经验。

任职资格 5：相关的能力和素质需要实践经历来证明，这就要求学生在大学里要拓宽选项，通过各种活动锻炼自身多方面的能力。

任职资格 6：说明大学生需要掌握基本的计算机技能。

课堂活动

❋ 团体活动一：讨论是否应该在大学阶段尽早确定职业目标

我们已经了解到职业生涯规划的重要性，那我们是否需要在大学阶段尽早确定职业目标呢？

活动时间：10 分钟左右。

── 教师引导 ──

适当给予学生小组内讨论的时间，并请学生发言，表达自己的观点或小组讨论的结果。

活动总结

大家的想法都各有侧重点和逻辑支撑，体现了分析思路上的差异。答案没有绝对正确，只有相对正确。总体来说，在我们缺乏实践经历和职业信息的情况下，想要确定职业目标是有难度的。而且当前社会的行业、职业变化太快，我们不能保证目前确定的目标在几年后毕业时还适用。所以我们不妨保持开放心态，不要限制了自己的可能性。探索需要一个过程，做好手头上的事，积累能力、挖掘潜力，下一步的目标自然会出现。即使有职业目标，我们也需要对行业和职业的变化保持动态关注，有利于及时抓住机遇，把社会发展趋势与目标职业相结合。

❋ **团体活动二：他山之石可以攻玉**

大学生也是有故事的人，谁在关心你的故事？你自己关心吗？

活动时间：10 分钟左右。

── 教师引导 ──

对小组内的同学进行访谈。访谈内容为大学里最成功和最不成功的三件事，可以详细说说当时发生了什么吗？

活动总结

通过了解他人的故事和想法，对你有什么新的启发？他人的经历有什么可以借鉴的地方？你接下来打算如何去行动？

教学建议：如果授课对象以大一新生为主，大学经历还不丰富，可以把讨论问题修改为探讨大学里最希望达到的三个目标是什么，打算如何采取行动实现。

课程思政

▶大学生活规划的重要性

明确的目标是前进的重要动力，想要在大学阶段获得显著成长和巨大收获，就要先了解读大学的意义和目标。大学里体会到的是自由，是完成自我蜕变的机会，学生的知识体系、"三观"和人际关系的建立与完善，都是在这一时期完成重要一环的。特别是大学阶段的学习模式与中学时期有很大的差异，更多地强调学习的自主性，从"要我学"变成"我要学"，这也对大学生的内在动力和自律性提出了更高的要求。在此角色转换的重要时期，容易出现适应性问题。高考结束后，考上大学的阶段性目标达成，进入大学后如果不重新定位和确立新的目标，容易造成学习、生活上的盲目性和迷茫感，不利于学生成长成才，最后导致生涯发展受挫。我们应通过引导大学生探索读大学的意义，鼓励学生树立志向、明确自己未来的目标、为实现目标而制订具体规划和行动方案，激发学生的主动性和自觉性，为其大学的学习生活指明方向，为培养德智体美劳全面发展的人才奠定基础。

古语有云，"书中自有千钟粟，书里自有黄金屋，书中自有颜如玉"。这句话家喻户晓、流传千年，激励无数的少年郎刻苦学习，成就自己的"小目标"。在古代社会，读书就是为了考取功名，这是人们想得到好生活的最好出路。从当今社会的角度出发，我们再看这句话，就要用现代的理念去理解，读书是为了成长成才，百年大计，教育为本。一个人只有好好读书、刻苦学习，才能有渊博的知识，成为有知识、有思想的人，在当今竞争激烈的社会方能有用武之地。

> **讲解重点**
>
> 鼓励学生在大学期间努力学习，掌握知识；积极实践，增强技能；加强交往，融入集体。将来投身社会，在实现个人职业理想的同时为国家和人民做贡献。

——**教师引导**——

1. 坚持理性思考，培养思辨能力

大学阶段是关键的"拔节孕穗期"，很大程度上直接影响未来的生涯发展。大学生专注学习、保持专业好成绩的重要性不言而喻。作为新时代的青年，更要注重培养思辨能力,增强思想定力,坚定"四个自信",即中国特色社会主义道路自信、理论自信、制度自信、文化自信。当今互联网时代,网络信息量之大、信息获取之便捷前所未有,网络上充斥着许多真假难辨的信息,有人为了博眼球,故意制造噱头。这些信息容易对青年大学生的"三观"养成带来不良冲击,尤其有部分"带路党""键盘侠",企图利用网络舆论,动摇学生的理想信念,带偏青年的价值观,这是高校工作者需要重视的问题。因此,课程思政要以马克思主义和习近平新时代中国特色社会主义思想为指导,强化职业生涯规划教育中的思想引领,加强学生理想信念教育,培养学生的独立思考能力,让其明辨是非曲直,坚定"四个自信",为未来的生涯发展提供强大的精神动力。

2. 传承校训精神,树立人生理想

深圳大学的传统和办学理念是以学生为本,将培养具有自主精神和独立人格的学生作为办学宗旨和目标。深大创校之初,就提出了"自立、自律、自强"的校训。凭着"三自"精神,特区人在刚刚开放的边陲渔村、在杂草丛生的荔枝林里,建立了一所全新的大学,并且吸引了一批批优秀青年加入。学校支持学生自办银行、邮局、洗衣厂,鼓励学生半工半读、经济独立;支持学生组建自律委员会,鼓励学生自我管理。一个象征着"脚踏实地、自强不息"的大脚丫,被镌刻在深圳大学校名背后的墙上。从那时起,"三自"精神一直铭刻在深大的历史中,也铭记在深大人的集体记忆里,它影响了一代又一代深大学子,激励他们不畏艰难、奋力创业,追逐自己的梦想,建立属于自己的事业。

"自立",强调"独立",就是要依靠自己独立面对人生。自立是一个人立身的根本,无论家庭条件和个人能力如何,只有站上这个起跑线,才能真正依靠自己,开始与众不同的人生。"自律",强调自我约束、自我管理,自己承担行为的责任。自律是一个人内心的道德准则和行为尺度,自律才能在面对各种诱惑时保持良好的心态,做出正确的选择。"自强",强调自我发展、自我实现。自强是走向成功的信念,从谋生存到谋发展,追随兴趣的脚步,为理想而奋斗。一个人只有自立、自律、自强,才能成为一个成熟的人、一个正直的人、一个有所作为的人。而如果每个人都能竭尽全力、自我完善,实现自我价值,就能为家庭、为社会做出更大的贡献。

教学案例

"三自"精神的力量——沈沾俊的创业梦

沈沾俊，深圳大学 2011 届毕业生，一个来自四川农村的年轻人。从大二开始自己的创业梦想，他想为盲人提供导盲眼镜和盲人阅读机。为了研发这个产品，家境贫寒的他前后做了 9 个学生的家教，挣到了买电脑的钱和自己的生活费。

2011 年，沈沾俊和他的团队进驻学生创业园，并得到学校十万元的无偿资助，他们曾在创业大赛中击败清华大学等多所国内高校代表队获得冠军，并代表中国大学生到美国参加全球创业总决赛。现在，他们的产品已经获得了国家发明专利，并已取得年销售数百万元的业绩。谈到母校对自己的影响，他说，"深圳大学最与众不同的地方在于，它不会强迫你去成为什么，而是关心你想成为什么，并给你最大限度的支持，帮助你去改变自己的命运，去创造人生的价值"。其实，改变他命运的正是他自己，他依靠自己不断的努力和坚持，一步步实现了自己的梦想，从他身上我们看到了"三自"精神的力量。

也许有人会问，现在是"拼爹""啃老"的时代，再提"三自"精神还有意义吗？回答是肯定的。当今中国社会复杂多变，各种新思潮、新现象不断冲击着人们的心理底线。一个 20 多岁刚刚走上社会的青年人，如果没有清醒的自我认识和坚定的人生信念，面对纷繁复杂的社会，很容易陷入迷茫、失去方向。正因为此，"三自"精神才历久弥新、愈发珍贵。"三自"精神，强调自己的主观能动性，强调个人奋斗和自我实现，而非出身、外在环境与条件的影响，这正是当今青年人最需要的正能量。

课程总结

1. 建立积极的生涯信念，规划自己的大学生涯

大学里体会到的自由，无论是从时间上还是从管理上，都是基于你完成自我蜕变的机会。你的人际关系、专业、"三观"的发展以至完善等，都是在大学期间完成重要的一环。大学像是走进社会的预备役，出色的人会合理地分配时间和精力，不论是专业上的学习，还是对自律习惯的养成。失败者则会放任自己，懒惰、拖延等很多坏习惯，也是在这四年里养成的。四年时间里，你花费多少时间在图书馆和教室里，花费多少时间在熬夜游戏或者逃课上，你如何度过大学生

活，将很大程度上直接影响你今后的人生。

2. 将生涯规划的意识落实到大学生活的行动

从中学到大学，对于不少学生来说是人生的一个重要转折。面临新的环境、教学模式、人际关系，需要尽快调整心态、完成角色转变，尽快适应新的学习生活。从生涯规划的角度，读大学的五大任务包括：生涯认知、角色平衡、环境适应、理性决策和自我管理，大学生需要在大学四年里完成这些方面的自我提升和能力培养。我们需要将生涯规划的意识转化为行动，充实精彩地度过大学四年，为未来的职业生涯夯实基础。具体来说，可以从七个方面去行动：开拓视野、发现兴趣；合理计划、掌控时间；参与群体、学习为人处事；高效学习、保持好成绩；积极实践、提升能力；多读书、读好书；适当独处、磨炼心性。

知识拓展

▶制定目标的 SMART 原则

这个理论是知名管理学大师彼得·德鲁克在他的著作《管理的实践》中提出的，起初是应用于考核目标，以使考核评估更加科学与规范化。在任务管理上，利用 SMART 原则来制定目标，是为了更加明确高效地达成目标。

1. 明确性

所谓明确性就是要用具体的语言清楚地说明要达成的行为标准。明确的目标几乎是所有成功团队的一致特点。很多团队不成功的重要原因之一就在于目标定得模棱两可，或没有将目标有效地传达给相关成员。

示例：目标——"增强客户意识"。这种对目标的描述就很不明确，因为增强客户意识有许多具体做法，如：减少客户投诉，过去客户投诉率是 3%，把它降低到 1.5% 或者 1%。提升服务的效率、使用规范礼貌的用语、采用规范的服务流程，也是客户意识的组成部分。

2. 衡量性

衡量性就是指目标应该是明确的，而不是模糊的。应该有一组明确的数据，作为衡量是否达成目标的依据。如果制定的目标没有办法衡量，就无法判断这个目标是否实现。但并不是所有的目标都是可以衡量的，有时也会有例外，比如说大方向性质的目标就难以衡量。

比方说，"为所有的老员工安排进一步的管理培训"。进一步是一个既不明确也不容易衡量的概念，到底指什么？是不是只要安排了这个培训，不管谁讲，也不管效果好坏都叫"进一步"？

改进一下：准确地说，在什么时候完成这个培训，这个培训的主题是什么，并且在这个培训结束后，为学员评分，低于 85 分就认为效果不理想，高于 85 分就是所期待的结果。这样目标就变得可以衡量。

3. 实现性

目标是要能够被执行人所接受的，如果上司利用一些行政手段，利用权力性的影响力，一厢情愿地把自己所制定的目标强压给下属，下属典型的反应是一种心理和行为上的抗拒：我可以接受，但是否完成这个目标，有没有最终的把握，这个可不好说。一旦这个目标真完成不了，下属就有一百个理由可以推卸责任：你看我早就说了，这个目标肯定完成不了，但你坚持要压给我。

"控制式"的领导喜欢自己定目标，然后交给下属去完成，他们不在乎下属的意见和反应，这种做法越来越没有市场。现在员工的知识层次、学历、素质，以及他们个性张扬的程度都远远超出从前。因此，领导者应该更多地吸纳下属参与目标制定的过程，即便是团队整体的目标。制定目标，就先不要想达成的困难，不然热情还没点燃就先被畏惧给打消念头了。

4. 相关性

目标的相关性是指实现此目标与其他目标的关联情况。如果实现了这个目标，但该目标与其他的目标完全不相关，或者相关度很低，那这个目标即使被达到了，意义也不是很大。

因为工作目标的设定，毕竟是要和岗位职责相关联的，不能跑题。比如一个前台，让她学点英语以便接电话的时候用得上，这时候提升英语水平和前台接电话的服务质量有关联，即学英语这一目标与提高前台工作水准这一目标直接相关。

5. 时限性

目标的时限性就是指目标是有时间限制的。例如，我将在 2022 年 8 月 31 日之前完成某事。8 月 31 日就是一个确定的时间限制。没有时间限制的目标没有办法考核，或带来考核的不公。目标设置要具有时间限制，根据工作任务的权重、事情的轻重缓急，拟定出完成目标项目的时间要求，定期检查项目的完成进度，及时掌握项目进展的变化情况，以便对下属进行及时的工作指导，以及根据工作计划的情况变化及时地调整工作计划。

总之，无论是制定团队的目标，还是个人的目标，都必须符合上述原则，五个原则缺一不可。制定目标的过程也是对工作掌控能力提升的过程，完成计划的过程也就是对自己现代化管理能力历练和实践的过程。

▶ 高效能人士的七个习惯

著名的管理学大师史蒂芬·柯维提出了有助于效率提高的七大好习惯，分别是：积极主动、以终为始、要事第一、双赢思维、知彼解己、统合综效、不断更新。《高效能人士的七个习惯》被《福布斯》评为"有史以来最具影响力的 10 大管理类书籍之一"。

1. 积极主动

我们都是自己的创造者，应当为自己的过去、现在和未来负责，积极主动要求我们依据原则和价值观，而非由情绪和外在因素去决定我们的行为。

主动积极的人摒弃了被动的受害者角色，不怨怼别人，发挥了人类四项独特的禀赋——自觉、良知、想象力和自主意志；同时，以由内而外的方式来创造改变，积极面对一切。

当然，主动并不等于任性妄为，而是要充分相信自己，认识到只有自己才能决定自己的命运。

2. 以终为始

任何事物都要经过两次创造，一次是脑海中，一次是在实际中。我们通常都是先在大脑中拟出目标和事物的大概轮廓，然后再在实际中予以实现，这样可以减少出错的概率，节省时间、提高效率。

因此，我们在做每一件事之前，都要先明确最终的目的。这就像是一场马拉松，你只有知道终点在哪，才能找准方向，坚持下去。

3. 要事第一

学会掌握时间管理矩阵，也就是"四象限原则"，列出每日/周要完成的任务，然后按照重要程度依次排序，优先完成最重要的事情。

若要集中精力于急迫的事物，就得排除次要事物的牵绊，拥有拒绝的勇气。这个拒绝，不仅是指其他无关紧要的事情，还包括自己内心的欲望，在情感和理智之间学会取舍。

4. 双赢思维

双赢思维是基于一种互敬、寻求互惠的思考框架与心意，目的是寻求更丰盛的机会、财富及资源，而非敌对式竞争。

它需要双方共同努力，心往一处想，劲往一处使，在合作中求同存异，既顾及他人利益，也需要坚持自己的原则，不轻易退缩，最终达到"1 + 1 > 2"的效果。

5. 知彼解己

知己知彼，方能百战不殆，正确、有效的沟通能够使你的行动更有效率。学会聆听，当我们舍弃戒备心理，愿意了解和尊重他人，便能开启真正的沟通，彼此关心。而对方也会放下心防，坦诚以待。

6. 统合综效

统合综效是一种心态，它指的是接受第三种选择，即不按照我的方式，也不遵循你的方式，而是接受第三种远胜过个人之见的办法，它是互相尊重的成果。

个人的力量是团队和家庭统合综效的基础，能使整体获得"1 + 1 > 2"的成效。实践统合综效的人际关系和团队要求我们摒弃敌对的态度，不以妥协为目标，也不仅仅止于合作，要求的是创造式的合作。

7. 不断更新

无论何时，不断地更新和提升自己都是很重要的。史蒂芬·柯维在书中建议从四个层面来进行提升，分别是身体、健康、智力与社会。

行事由内而外，先摆脱内心的贫穷，通过改变人来造就环境，改变人的本质然后塑造人的行为。如果无法改变思想构造，就永远无法改变现实，也永远不可能取得进步。

增进内在安全感的方法：坚守原则，肯定自我，与人为善；相信人生不止输赢两种可能，还有双方都是赢家的第三种可能；乐于奉献，服务他人。

课程作业

▶**生涯九宫格：大学应该怎么过？**

以下九个方面的主题引导着我们做好大学的生活规划，请思考这些问题并根据个人实际情况列出你在大学期间（或近一年）的发展目标和行动计划。

表2-9 生涯九宫格

学习进修	职业发展	人际交往
1. 你的学习任务有哪些？ 2. 基于未来的就业要求，你还需要学习什么？ 3. 你的学习习惯怎样？ 4. 今年你有哪些学习计划？	1. 你理想的工作是什么？ 2. 具体有哪些用人要求？ 3. 你需要为此做哪些准备？ 4. 你的行动计划是什么？	1. 你如何看待人际关系的重要性？ 2. 你的人际交往能力怎样？ 3. 你还需要在哪些方面提高？
个人情感	身心健康	休闲娱乐
1. 你如何看待亲密关系？ 2. 友情、爱情等对你来说意味着什么？ 3. 你是如何建立并维护亲密关系的？	1. 你是否有锻炼身体的习惯？ 2. 你是怎样调整自己的情绪的？ 3. 怎样让自己保持良好的身心状态？	1. 你有哪些兴趣爱好？ 2. 这些兴趣爱好可以为你带来哪些价值？ 3. 哪些兴趣将有可能转化为职业？
经济财富	家庭生活	社会服务
1. 你的理财能力如何？ 2. 财富在你未来的职业发展中有什么样的意义？ 3. 你是否有意识地为自己增加一些收入？	1. 你和家人的关系怎样？ 2. 未来，你期待的家庭生活是什么样的？ 3. 你如何看待家庭环境对你个人发展的影响？	1. 你是否参加过一些公益活动？ 2. 你如何看待一个大学生的社会责任？ 3. 未来，你希望为社会做出哪些贡献？

推荐阅读

1. 李尚芳子. 敢和别人不一样：李开复给年轻人的人生规划课 [M]. 北京：中国法制出版社，2016.

2. 卡尔·纽坡特. 如何在大学里脱颖而出 [M]. 赵娟，译. 深圳：海天出版社，2005.

3. 肖恩·扬. 如何想到又做到：带来持久改变的7种武器 [M]. 闾佳，译. 杭州：浙江教育出版社，2018.

4. 杨萃先，等. 这些道理没有人告诉过你 [M]. 北京：群言出版社，2007.

5. 凯利·麦格尼格尔. 自控力：斯坦福大学最受欢迎心理学课程 [M]. 王岑卉，译. 北京：印刷工业出版社，2012.

第三章

发现你的兴趣

不断探索新兴趣让人生不设限：
寻找更多可能性。

课程目标

态度：正确看待兴趣在职业生涯规划中的作用，对自己的生涯负责。

知识：了解霍兰德类型论的基本理论和应用方式，了解影响兴趣的因素。

技能：学会运用霍兰德职业兴趣理论分析自我和职业岗位。

课程导览

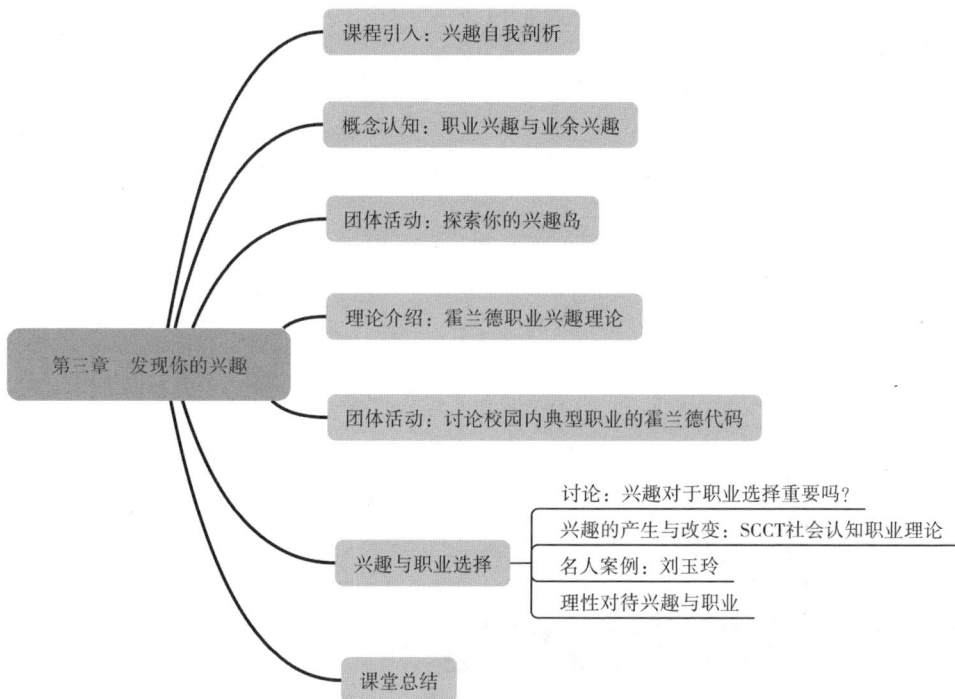

第三章　发现你的兴趣

- 课程引入：兴趣自我剖析
- 概念认知：职业兴趣与业余兴趣
- 团体活动：探索你的兴趣岛
- 理论介绍：霍兰德职业兴趣理论
- 团体活动：讨论校园内典型职业的霍兰德代码
- 兴趣与职业选择
  - 讨论：兴趣对于职业选择重要吗？
  - 兴趣的产生与改变：SCCT社会认知职业理论
  - 名人案例：刘玉玲
  - 理性对待兴趣与职业
- 课堂总结

课程知识

◎ 职业兴趣的概念

职业兴趣是兴趣在职业方面的表现，是指人们对某种职业活动具有的比较稳定而持久的心理倾向。因为职业需要大量的知识与技能（长久兴趣的结果），所以兴趣至少拓展到让技能水平达到平均线以上并且能以此谋生，才能称为职业兴趣。

讲解重点

抓住业余兴趣、职业兴趣和志趣这三个关键词来理解兴趣，并让学生学会识别自己的业余兴趣和职业兴趣。

教师引导

通过"吃、唱、玩"等鲜活的例子，直观地展示业余兴趣、职业兴趣、志趣之间的关联和区别，进而探索识别自己的业余兴趣和职业兴趣。

表 3 - 1　兴趣三类型

层级	吃	唱歌	旅游	工作
业余兴趣	吃货	麦霸	旅游爱好者	兼职
职业兴趣	美食博主	直播	旅游博主	从业者
志趣	饮食评论家	歌手	旅行家	行业专家

兴趣是让我们感到高兴、享受并希望自己常常从事的活动——我们了解自己的兴趣是什么吗？想找一份符合自己兴趣的工作吗？

职业兴趣则会与职业或工作内容相关联——我们的兴趣能作为职业吗？这份工作或职业的名称是什么？

从事这一职业需要胜任力——我们在兴趣方面的能力水平如何？从事该职业需要什么样的知识和技能？

表 3 - 2　兴趣自我剖析

让你感到高兴、享受并希望自己常常从事的活动	与工作有关吗	工作或职业的名称	你能从事吗
1.			
2.			
3.			
4.			
5.			

◎ 霍兰德职业兴趣理论

霍兰德职业兴趣理论的核心假设是我们的人格特质可以分为六大类，即 R（实用型）、I（研究型）、A（艺术型）、S（社会型）、E（企业型）以及 C（事务型）。职业的性质也可以划分成相应同样名称的六大类，人格特质与所选择职业之间的匹配程度，则影响个人对工作的满意、适应以及稳定程度。

通过正式的霍兰德职业测评问卷，每个人会得到 3 个有序列的代码，代表的是个体的人格特点从高到低的倾向程度。具体职业也可采用三个代码来描述其工作性质和职业氛围。需要注意的是霍兰德代码表现的是人格倾向，不代表胜任能力。例如，某学生的霍兰德代码中包含 A（艺术型），并不代表其就有能从事歌手、演员的技能。个体的霍兰德代码并不是一成不变的，而是会随着人的成长提升而改变。霍兰德职业兴趣理论六个类型相应的人格特点与对应类型的典型职业如下：

表 3 - 3　霍兰德职业代码

实用型——R	Realistic
研究型——I	Investigation
艺术型——A	Artistic
社会型——S	Social
企业型——E	Enterprising
事务型——C	Conventional

1. R（实用型）

特点：愿意使用工具从事操作性工作；动手能力强，做事手脚灵活，动作协调；擅长具体任务，更愿意与物打交道；做事保守，较为谦虚；常喜欢独立做事；有顺从、坦率、谦虚、自然、坚毅、实际、讲礼貌、害羞、稳健、节俭的特征。

常见职业：技术性行业工作人员、工程师、机械师、运动员、园丁、厨师、电工、司机、电器修理工以及园林、园艺、农林、畜牧、电子、生物、化工等领域的从业者。

2. I（研究型）

特点：求知欲强，肯动脑，善思考；抽象思维能力强；喜欢独立的和富有创造性的工作；知识渊博，有学识才能；喜欢逻辑分析和推理；不断探讨未知的领域；有分析、谨慎、批评、好奇、独立、条理、谦逊、精确的特征。

常见职业：科学家、研究员、理工科研人员（自然科学、计算机编程、信息科学等）、文史哲研究者、心理学家、大学教授、企业咨询师、商业调查人员、分析师等。

3. A（艺术型）

特点：有创造力，乐于创新；渴望表现自己的个性；做事理想化，追求完美；具有一定的艺术才能；善于表达、展示；具有复杂、富于想象、独立、重直觉、无秩序、情绪化、不顺从、有创意、不重实际的特征。

常见职业：艺术家及艺术相关从业者，如摄影师、作家、音乐人、演员、服装设计师，以及舞台美术、广告、雕塑、编舞、乐器演奏、艺术商务、拍卖、收藏等领域的从业者。

4. S（社会型）

特点：喜欢与人交往、善言谈；热情、善于合作、乐于奉献；关心社会问题，有社会责任心；比较看重社会义务和社会道德；良好的人际技能；具有乐于合作、友善、慷慨、乐于助人、仁慈、责任感强、善社交、善解人意、善于说服他人、理想主义等特征。

常见职业：教师、护士、志愿者、学校辅导员、人力资源师、培训主管，以及服务业、教育与培训行业、心理学和社会学研究与应用等领域的从业者。

5. E（企业型）

特点：追求权力、权威和地位；具有影响力和领导才能；喜欢竞争、敢冒风险，有野心、有抱负；做事有较强的目的性；具有独断、冲动、乐观、自信、追求享受、精力充沛、善于社交、有野心、爱表现、重名声等特征。

常见职业：销售员、创业者、律师、政治家、金融业者、零售商、管理人员等。

6. C（事务型）

特点：尊重权威、流程和规章制度；讲求实际、喜欢按计划办事；细心、谨慎、有条理；具有顺从、谨慎、保守、自控、规律、坚毅、踏实稳重、有效率等特征。

常见职业：公务员、行政人员、财务人员、人力资源专员、客服、组织运营人员、物流人员、统计员、会计师、出纳员、打字员、仓库管理员等。

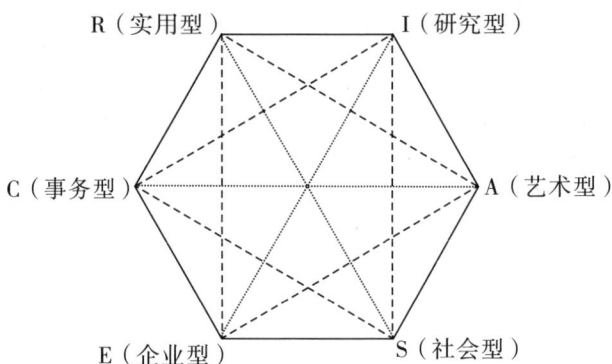

图 3-1　霍兰德职业兴趣理论

讲解重点

职业兴趣会直接影响到个人的工作满意度、职业稳定性和个人成就感。了解自己的霍兰德兴趣类型，并学会分析不同工作的霍兰德职业代码。

教师引导

通过一些耳熟能详的各界名人的例子，直观地在课堂上呈现霍兰德六大类型的特征和典型职业，学生能够更准确地理解和掌握霍兰德职业兴趣理论的基础知识。这一理论与知识框架可以作为辅助工具让我们更好地认识自己、分析职业，完成个体和职业动态匹配的过程。作为个体而言，也许不能直接从事与兴趣相关的职业，但可以尝试找一份符合自己兴趣类型的工作。例如，某学生的霍兰德代码有 A（艺术型），喜欢唱歌、跳舞，虽然不具备从事演艺工作的能力，但可以尝试那些具有创新创造、表达自我等艺术型特点的工作。

◎ 社会认知职业理论

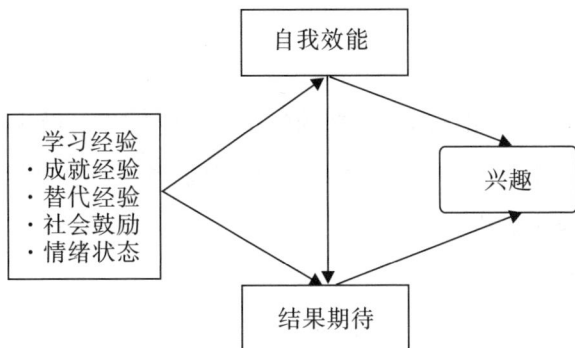

图 3-2 兴趣的产生与改变

社会认知职业理论认为，个体的兴趣是由"自我效能"和"结果期待"两大因素综合影响产生的。自我效能指的是个体对于自己完成某事的信心程度。结果期待指的是个体对于某事达成后结果的渴望。而自我效能和结果期待又是通过学习经验获得的，学习经验包括成就经验、替代经验、社会鼓励、情绪状态多重因素。

讲解重点

分别举例说明自我效能和结果期待的具体含义，有助于学生理解兴趣产生的关键要素以及如何培养兴趣。一个人对自己做好某事越有信心或对做成某事的结果越期待，都会提高个体对这件事情的兴趣。难点在于让学生理解学习经验及其影响的具体含义，需要通过具体的例子进行阐释。

教师引导

兴趣是自我效能与结果期待共同作用的产物。自我效能和结果期待不会自然而然产生，而是由学习经验影响而来。所以，当个体对某事没太大兴趣或者对任何事都没兴趣时，可能是因为个体缺乏相关的学习经验。因此，如果我们想要找到自己的兴趣所在或者培养多方面的兴趣，就需要增加更多的学习经验。首先，我们需要理解学习经验来源于以下四种实践经历：

1. 成就经验

你曾经顺利成功地做成某事或者某事你完成得很好，会增加你对做这件事的信心。例如你多次数学考试获得高分，你会相信自己数学学得好，并对学数学更有兴趣。

2. 替代经验

当你看到身边水平相近的人成功的例子，会促进你对做成某事的决心和信心。例如你的室友拿到了大学英语六级证书，你会觉得自己也能顺利通过六级考试，对学英语和备考六级更有兴趣。

3. 社会鼓励

它是指社会价值认可及支持系统对人的影响。当你受到他人、组织的赞赏和鼓励，你会更容易产生兴趣。例如某位老师认为你在这门学科有天赋或者表扬了你的某个解题思路，你会受到影响而对这门学科产生兴趣。

4. 情绪状态

当你保持良好的心情和状态去上课时，会比较容易投入学习，对课程产生兴趣。如果有心事或者心情不好，可能对学习就没兴趣、不在状态。

综合上述几个方面，当我们想要发现和提升自己的兴趣，需要增加和丰富自身的学习经验。一个人的学习经验从何而来呢？需要我们从扩大自己的"选项"开始，勇敢地去尝试、去体验。

在大学期间可以扩大"选项"的行动很多，包括参加社团、参与志愿服务、尝试兼职工作、参加比赛、培养新爱好、寻找实习、参与项目、拓宽社会交往、参与新的课程、广泛探索信息等。从这些扩大的"选项"中产生学习经验，影响个体的自我效能和结果期待，从而产生和改变兴趣。

案例运用

教学建议： 通过名人案例引发思考和讨论，引导学生正确认识和理性对待兴趣与职业选择的关系。教师可准备刘玉玲在星光大道的获奖演讲视频，并在课堂上播放，丰富教学手段。

刘玉玲的逆袭人生不靠肤白貌美

正如刘玉玲所扮演的经典角色西蒙妮说的："我并不是生来富贵。"刘玉玲也不是生来就是荧幕明星，她还真的就是一个从洗衣房走出来的大明星，有着睡过地板、当过童工的童年。在 2019 年 5 月好莱坞星光大道的演讲中，她也提及了自己的过往："我的人生不存在什么'开挂'和顺风顺水，不得已时，只能投奔在加利福尼亚州讨生活的哥哥，与哥哥同住在纸盒般大小的公寓。为了争取哪怕是一个龙套的试镜机会，只能努力打零工……"这看似说的只是一段刘玉玲在青年时打拼的经历，但她的艰辛从童年就开始了。

1968 年刘玉玲出生于纽约皇后区。在全家定居纽约之前，尽管身为土木工程师的父亲和毕业于生物化学专业的母亲都是高知人才，但到了纽约后，一切只能从零开始，父母都不得不靠做佣人、劳工等工作才能养家糊口。尽管是家中最小的孩子，刘玉玲同样也需要早早地就为生计打拼，同时做几份工作是她的常态：端盘子、做舞蹈教练以及到工作条件恶劣的成衣工厂当童工。

即便是上了大学，刘玉玲打工的日程依旧排满了一周七天。周一到周五白天她是秘书，晚上她则在餐馆端盘子。周末的上午她是有氧舞蹈教练，晚上继续做服务生。那时，每一秒对她而言都意味着银行账户的分量。

除此之外，只要一有机会她就去试镜，因为一个意外，具有东方美的相貌让她在地铁里被星探看中，于是接拍了人生中的第一则广告。有了拍广告的经历后，临近大学毕业时，她参加了话剧《爱丽丝漫游仙境》的试镜，起初只是想获得一个配角，但看了她的表演，导演直接提升她为全剧主角，公演大获成功，让她开始有了当演员的梦想。可是东方面孔，要闯好莱坞，谈何容易？亚裔女性在好莱坞影片中，从来都只是点缀或陪衬。一没资源、二没资本的刘玉玲，也常常没得选。在最初的 7 年中，刘玉玲只能演些边边角角的龙套。直到 29 岁的时候，才获得了一个演配角的机会。原本 8 集的戏份被编剧改为常驻角色，刘玉玲也因为这个角色被提名为艾美奖最佳女配角。

随着《霹雳娇娃》的全球热映，刘玉玲才算是真正地大红大紫了。但好莱坞十分现实，另外两位女主角当年的片酬是每人 1 000 万美元，而刘玉玲却只有区区的 120 万美元。她为此还和电影公司争执过。当得知片酬不会再有调整的余地时，她还是接受了这份工作。

即便不是学武打出身，飒爽的性格，依旧让刘玉玲逐渐被定位为"打女"。但刘玉玲很清楚，"打星"吃的是青春饭，于是开始筹谋转型。即便是配角，戏份很少，她也要做到极致。37 岁时，她在《幸运数字斯莱文》中首次化身知性女子；随后，她还被电视剧《欲望都市》特邀，以本人的身份惊喜客串。有了这些角色的积累后，她又在《女人帮》里，化身为一位风情万种的"宫斗天后"；2012年，在《福尔摩斯：基本演绎法》扮演了睿智果断的华生，这个角色原本备受争议，但她用出彩的表演，征服了观众，得到众多好评，也让她的事业再上一层楼。

从好莱坞影片中的亚裔女星角色符号，到配角，再到出演众多重要角色的华裔女星，刘玉玲走了十年之久。在东方审美观看来，刘玉玲并不属于传统意义上的美女。尤其放在国内当今奉行的"肤白貌美""尖脸大眼"的审美中，刘玉玲的脸，对于多数人而言，是不够漂亮的。但刘玉玲用自己的成功让这些人闭嘴。因为类似这样的傲慢和偏见，贯穿着刘玉玲的演艺生涯。她很清楚美貌赢来的只是赞美，唯有实力才能赢来尊重。这张亚洲面孔，终于征服了好莱坞。2019年5月1日，在好莱坞的星光大道上，刘玉玲拥有了属于自己的一颗星，是第四位获此殊荣的华裔演员，称之为"华人之光"也不为过。

从2006年，刘玉玲开始转战电影制片，并尝试做导演。每一次的尝试对刘玉玲来说都是新的体验，她在30岁以后仍然散发着饱满的激情和生机，在高手如林的好莱坞总是跃跃欲试。虽然刘玉玲逆袭的人生不一定适合被我们拿来复制，毕竟每个人的"出厂设置"都不一样。我们要学习的是刘玉玲没有因为自己是门外汉而站在门外，正是那些她不了解、不熟悉、不擅长的东西推动她不断探索自己的能力并获得成功。她说："那些让我觉得自己是'门外汉'的东西才是让我成功的最大推动力，让我不断探索自己的能力。"

讲解重点

更"积极"地思考自己，让自己的人生不设限，寻找更多可能性。理性认识兴趣与职业之间的关系，正确看待职业选择的妥协。

教师引导

刘玉玲没有因为过去的自己是不了解、不熟悉的"门外汉"而限制了自己，丰富的人生经历无形之中成为刘玉玲演艺生涯最生动的素材。正如我们在职业发展中不应过度受限于过去的经验或依赖他人的看法，而应该在大学生活和职业生涯探索中获得各种生活经历与经验，在对这些经历和经验加工的基础上发展新的生涯目标，这是一个终身的过程。回顾刘玉玲的职业生涯，我们发现并非一定要选择与自己兴趣完全对应的职业，特别是在职业生涯的早期阶段。

事实上，个体本身通常就是霍兰德多种兴趣类型的综合体，单一类型显著突出的情况不多。如果工作满足不了第一代码的兴趣类型的时候，我们可以选择那些满足第二或第三代码的工作。而且通过 SCCT 理论可知，在工作中通过加强自我效能和提升结果期待可以培养和产生兴趣。即使是不完全满足个体兴趣类型的工作，我们也可以做得好，同时把兴趣爱好放在生活中实现。影响职业选择的因素是多方面的，并不完全依据兴趣类型，还要考虑社会的职业需求及获得职业的现实可能性。因此，职业选择需要不断妥协，寻求当下最适合自己的选择，个体需要不断适应工作环境，特别是对没有职场经验的大学生来说。

课堂活动

✽ 团体活动一：探索你的兴趣岛

恭喜你！你获得了一次免费度假游的机会，有机会前往下列六个岛屿。

请不要考虑其他因素，仅凭自己的兴趣选择你度假的岛屿。

你可以停留一周，不仅可以在岛上游览风光，和当地居民共同生活，还可以做你感兴趣的事。

R 岛：自然原始的岛屿。岛上自然生态保持得很好，有各种野生动物。居民以手工见长，自己种植花果蔬菜、修缮房屋、打造器物、制作工具，喜欢户外运动。

I 岛：深思冥想的岛屿。有多处天文馆、科技博览馆及图书馆。居民喜好观察、学习，崇尚和追求真知，常有机会和来自各地的哲学家、科学家、心理学家等交换心得。

A 岛：美丽浪漫的岛屿。充满了美术馆、音乐厅、街头雕塑和街边艺人，弥漫着浓厚的艺术文化气息。居民保留了传统的舞蹈、音乐与绘画艺术，许多文艺界的朋友都喜欢来这里找寻灵感。

C 岛：秩序井然的岛屿。岛上建筑十分现代化，是进步的都市形态，以完善的户政管理、地政管理、金融管理见长。岛民个性冷静保守，处事有条不紊，善于组织规划，细心高效。

E 岛：显赫富庶的岛屿。居民善于企业经营和贸易，能言善道。经济高度发展，处处是高级饭店、俱乐部、高尔夫球场。来往者多是企业家、经理人、政治家、律师等。

S岛：友善亲切的岛屿。居民个性温和、友善、乐于助人，社区均自成一个密切互动的服务网络，人们重视互助合作，重视教育，关怀他人，充满人文气息。

1. 第一次选择：度假首选

团队任务：可以根据学生的个人选择分成六个组，每个组代表一个岛。小组内部讨论所代表岛屿的特点、要素以及岛上居民的特点，并给岛屿起名字和口号，以小组为单位在课堂上向其他小组简要介绍自己的岛屿。

2. 第二次选择：终身定居

个人任务：现在问题变了，请认真思考并回答如下问题：

（1）你想终身定居哪一个岛屿？

（2）如果这个岛不行，还可以去哪一个岛屿？

（3）你最不想去哪一个岛屿？

（4）你最喜欢在这里做什么事情？（如栽花养草、观察星星）

（5）在其他岛屿中，你最喜欢和哪一个岛的岛民做朋友？最不喜欢哪一个岛屿？为什么？

活动时间：15~30分钟。

活动准备：每个小组派发一张大白纸，若干彩色笔。

教师引导

结合口头介绍，教师在投影屏幕上展示六个岛屿的具体信息。如安排团队任务，给予小组适量时间准备和讨论，在活动过程中观察每组学生的进度，适当提醒学生注意时间。各组大致完成后，进入个人任务环节，给予学生时间进行思考与交流，并可以请学生发言分享。引导学生思考：回顾你所做的选择，如果度假首选与终身定居选择的岛屿不一致，你知道这种区别背后的原因吗？

活动总结

（1）"度假首选"反映的可能只是我们短期的需求和兴趣，比如一个人最近工作很累，就想选择去自然原始的R岛度假放松一下，但是让他在R岛终身定居就未必愿意了。所以"终身定居"的选择才可能是我们真正的兴趣倾向。

（2）我们还需要关注的是在岛上我们喜欢和想要做的事情是否符合这个岛屿的性质和特点，如果是因为其他不相干的原因而选择某个岛屿，则该岛可能并非自己的兴趣类型。

（3）兴趣岛这一课堂活动是霍兰德职业兴趣理论的一种演变形式，六个兴趣岛分别对应霍兰德理论的六个类型代码。以团体游戏＋个人探索思考的形式，更加生动形象地让学生直观地了解到自己的兴趣倾向和人格特质。通过对比"度假首选"和"终身定居"选择的区别，更好地引导学生深刻认识到"兴趣"的含义与意义。

教学建议：团队任务和个人任务可以合并或拆分开来进行，教师可灵活安排，关键在于区分"度假首选"和"终身定居"两次选择的差异。如进行团队任务需注意课堂时间的分配，时间不够的情况下可以直接让学生分别进行两次选择。

✿ 团体活动二：讨论校园内典型职业的霍兰德代码

根据霍兰德职业兴趣类型的六大分类，如果我们用一个代码对学校内熟悉的典型职业进行分类：

财务处的职员（事务型：有序的办公活动）

实验室的工程师（实用型：动手使用工具）

学院博士生导师（研究型：思考抽象的问题）

心理中心的咨询师（社会型：助人、与人打交道）

影视专业的表演老师（艺术型：创新创造、展现自我）

学院的院长/党委书记（企业型：领导、管理和掌控）

教学建议：以上内容可由教师举例展示给学生，引出以下的课堂活动，目的在于让学生熟悉霍兰德六个代码的特点，并能运用在生活中进行职业和岗位分析。

接下来将挑战升级，学生在小组中进行讨论并确定这些校园典型岗位的三个霍兰德职业代码是什么：①图书管理员；②宿管阿姨；③饭堂厨师长；④大学校长；⑤人事处处长；⑥辅导员。

活动时间：15分钟左右。

活动准备：以报数的形式分组，每组5~6名学生。如已经有小组，则无须再分组。

教师引导

给学生小组讨论约5分钟后，请学生举手发言，每位学生可选其中一个职业汇报其霍兰德职业代码并简要说明理由，教师在黑板上进行记录，已汇报过的职业不可重复选择。

活动总结

（1）在现实生活中，某个工作或职业的霍兰德代码会因为行业、组织或岗位的区别而有差异。所以对于这些职业的霍兰德职业代码，没有绝对的标准答案，只有相对正确。教师可给出自己的答案并进行解释说明，供学生参考。

（2）在活动过程中，小组内部可能会对某个职业霍兰德代码有不同的意见，学生需要互相说服或者做出让步。在这个过程中学生一方面可以直接地体会其他同学在思考和分析方法上的差异，另一方面也能更直观地感受不同霍兰德类型的人的风格和特质。

✲ 团体活动三：兴趣与职业选择

通过耳熟能详的名人案例进行问题索引，引发学生思考：兴趣对职业选择有我们想的那么重要吗？

李娜："在8岁开始练网球之后的几年，我对网球并没有太大兴趣。"

宋慧乔："30岁之前并没有真正爱上演戏。"

活动时间：10分钟左右。

教师引导

你是否有过兴趣产生或改变的经历？是因为发生了什么？结果怎么样？你认为兴趣对于职业选择重要吗？对于这一系列议题，给学生在小组内自由讨论的时间，并请学生主动发言分享自己的观点和想法，最后教师作总结点评。

活动总结

从过往经历发现，我们的兴趣是动态变化的，会受到自身因素、外界环境和他人的影响。兴趣对于职业选择的重要性，每个人都持有自己的观点，角度不同、侧重点不同，并没有统一的标准。综合来看，兴趣是职业生涯选择的一个比较重要的参考因素，但不是唯一的依据和参考因素，兴趣有助于增强职业生涯的适应性、提高个体工作满意度和稳定性。除了兴趣，在职业选择时，我们还需要综合考虑个人能力、价值观、市场需求、重要他人等多方面因素。

课程思政

1. 个人兴趣与社会需求结合

一方面，兴趣是在个人的学习生活中逐渐培养和发展起来的；兴趣也不是一成不变的，它可能会随着个人阅历的增长而改变，只有比较稳定而持久的兴趣才能发展成为职业兴趣，否则只能是业余的兴趣。简而言之，兴趣是可以发展、培养和改变的。从兴趣转变为特长再到专业本领，需要自身的天赋、努力、吃苦精神及家庭等多种条件支持，即便无法将兴趣发展成为安身立命的职业，但兴趣能成为未来人生路上的一种点缀或者加持，帮助我们丰盈内心精神世界，我们可以从中汲取能量，找到抒发和表达的渠道。因此，为了确立个人职业目标，促进个人生涯更好地发展，有必要积极地探索自己的兴趣，通过参与科研项目、社团活动、实习实践和志愿服务等，广泛尝试、开阔眼界，培养积极向上、接地气又不失格调的兴趣爱好，并尝试将兴趣发展成职业方向。

另一方面，如果能将自己的兴趣发展为未来真正从事的职业，可以实现"爱一行，干一行"固然可喜，但职业选择除了考虑个人兴趣，还受其他多方面因素的影响，是一个综合决策的结果。从宏观层面来看，我们需要考虑社会因素，是否符合国家和时代的需求，是否有利于国家发展、社会进步。从微观层面来说，我们需要考虑个人胜任力，看自己的能力是否胜任兴趣相关的职业或者符合相关的工作要求。事实上，胜任力有时候比兴趣更重要，它往往对一个人职业生涯的成功发挥着决定性作用，光有兴趣而缺乏相关的能力，容易使生涯发展受挫。因此，我们不能仅仅根据霍兰德职业兴趣理论和测量工具的结果做职业选择，而是要结合国家发展的需要和个人的实际需求，在不懈努力中实现个人价值和社会价值的统一。

2 "干一行，爱一行"是重要的职业素养

兴趣是影响职业选择的因素，有些人可以将兴趣发展成职业，实现"爱一行，干一行"。但受主客观因素的影响，现实中很多人也许无法从事与自己职业兴趣相关的工作，即使不能从事符合自己兴趣的工作，也能做到"干一行，爱一行"。首先，兴趣是可以发展、改变的，在日常的工作生活中，随着对所从事职业的深入了解和工作中获得的成就，容易建立起兴趣和情感；其次，爱岗敬业是社会主义核心价值观的要求，也是职业道德和行为准则的题中之义。既然选择了这份职业，就要尽力而为，认真履行工作职责，遵守岗位行为规范，有一分光发一分热，为社会主义现代化建设贡献微薄之力，书写青春的华丽篇章。

讲解重点

在职业选择中，我们应该将个人兴趣爱好、工作环境、工作强度、薪资待遇、社会发展需求、社会就业形势等结合在一起考虑，重视自己的能力与所选职业是否匹配，同时富有上进心，愿意通过工作进一步提高能力，并不会因为遇到困难就轻易放弃。在工作中，我们应该脚踏实地，勤奋努力，积极向上，培养自己的敬业精神、奉献精神和社会责任感，坚守职业道德，努力实现自我价值和社会价值的统一。

教师引导

首先，"干一行，爱一行"是个人能力的一种体现。据社会调查数据显示，当今时代只有16.2%的人能够从事符合自己兴趣的工作。试想一个人不得不去做他不感兴趣的工作，却做得很好，这不正是个人能力强的体现吗？这时他会受到他人的认可，收获巨大的成就感，也能促使他对工作产生兴趣。

其次，"干一行，爱一行"是社会责任感的体现。在社会这个庞大的团体中，每个人都如同一个小小的螺丝钉，或许我们被分配到了不感兴趣的岗位，但也正因为社会需要我们，我们便拥有存在的意义。如同荣获2020年全国劳动模范称号的黄祥全，自1982年加入柳工集团以来，响应国家改革开放的号召，爱岗敬业、使命必达。正是因为每根木柴都在尽自己的责任发光发热，社会的大火炉才能发出巨大的能量，凝聚出强大的国家气魄。

最后，"干一行，爱一行"是一种爱岗敬业的伟大精神。在社会高速发展且人心浮躁的今天，敬业精神显得越来越重要。一个人只有在一个行业领域不断地钻研、进取，才能把这个工作做得更具特色、更具专业水准。同时，"干一行，爱一行"，工作效率就会提高，促使我们事业进步，有助于生活质量的提高。

教学案例

全国劳动模范黄祥全——扬劳模精神　汇奋斗伟力

2020年11月24日，全国劳动模范和先进工作者表彰大会在北京人民大会堂隆重举行。广西柳工集团有限公司党委委员、副总裁，柳州欧维姆机械股份有限公司董事长黄祥全荣获全国劳动模范称号，并现场接受表彰。黄祥全自1982年加入柳工，爱岗敬业、使命必达，从基层一线员工一步一个脚印成长为高层管理者，以实际行动践行着敬业奉献、勇于创新、争创一流的"柳工精神"。

勇挑"中国民族挖掘机品牌"大旗，积极推动柳工挖掘机业务发展

在柳工挖掘机孤军与八大外资企业竞争的浪潮中，黄祥全勇挑大梁、冲锋在前，着眼技术创新，狠抓产品质量，提升服务水平，推动了柳工挖掘机业务的十年高速发展，柳工挖掘机销量从2001年的57台发展到2011年的7438台，如今柳工挖掘机更是以优秀业绩跻身行业前4名；他还曾用6个月的时间组织建成了厂房面积11万平方米的柳工东部常州挖掘机生产基地，并促进顺利投产，创造了行业内"柳工速度"的神话。黄祥全还积极引领柳工品牌走向世界，推动挖掘机在印度、波兰、北美等地区本地化制造的实现，在海外打响了柳工挖掘机品牌。

打造柳工"一核两翼"发展版图，构建柳工农业机械新兴业务板块

黄祥全准确把握行业发展趋势，积极促进结构调整和转型升级，以农业机械为突破口，推动组建广西农业机械股份有限公司，将甘蔗收获机械作为切入点，全面促进甘蔗产业上下游发展，推动甘蔗产业标准化作业，建立完善的具有自主知识产权的甘蔗生产全程机械化产品线。在黄祥全带领下，柳工农机从零开始创业，打破国外垄断，填补了国内行业空白，柳工农机也发展成为国内甘蔗机械行业领导品牌，有力支持了柳工和广西机械工业"二次创业"的发展，受到国家发改委、广西壮族自治区政府的高度赞扬，为柳工打造了一个新的经济增长点。

推动欧维姆公司创造"世界奇迹",迈向世界级预应力产业新高度

作为欧维姆公司的掌舵者,黄祥全锐意改革,提出"固本、补差、转型"战略实施"三部曲",调整公司结构,强化管理流程,狠抓质量提升,大力推进预应力高水平科研成果产业化,积极开辟风力发电、轨道交通等新领域战略合作,推动成立合资公司——欧维姆印度公司与德国 DSI 公司,带领欧维姆不断迈上发展新台阶。黄祥全领导下的欧维姆公司连续两年荣获国家科技进步二等奖,利润连续翻番,国家"天眼"工程、港珠澳大桥、核电站等重要工程均应用欧维姆的技术和产品。

无论干哪一行,黄祥全始终干一行、爱一行、精一行,以埋头苦干、真抓实干、创新巧干闯出一番新天地,为行业创新、管理提升做出了卓越贡献。他的身上充分展现了柳工人骨子里奋勇争先、争创一流的精神和品质,这种精神与品质也必将推动柳工在成为世界一流企业的道路上乘风破浪、行稳致远。

课程总结

1. 霍兰德六边形:了解特点、认知自我、学会分析

霍兰德职业兴趣理论认为,个人特质与职业性质之间存在一种内在的对应关系。人格倾向可分为研究型(I)、艺术型(A)、社会型(S)、企业型(E)、事务型(C)、实用型(R)六个维度,每个人的特质都是这六个维度不同程度的组合。霍兰德以一个六边形标示出六大类型的关系。在霍兰德职业兴趣测评的帮助下,个体可以清晰地了解自己的兴趣倾向类型和在职业选择中的方向,避免职业选择中的盲目行为。

根据霍兰德理论,个体的职业兴趣可以影响其对职业的满意程度,当个体所从事的职业和他的职业兴趣类型匹配时,个体的潜在能力可以得到更好的发挥。掌握霍兰德的六个类型代码的特点和分析方法可以帮助我们在日常生活中对自我、他人和工作岗位进行分析,更科学地进行职业选择和职业调整。

2. 正确对待兴趣与职业选择:积极探索、理性妥协

我们想要发现和培养兴趣,一方面可以从过去的行为和经历中总结兴趣的特征和发展水平,识别自己的兴趣处于业余兴趣、职业兴趣和志趣的哪一个层次,并有意识地拓展兴趣的技能水平,为成为"斜杠青年"做准备。另一方面,兴趣是在体验中发现的,以前没经历过、从来没见过的事情可能是拓展兴趣的机

会。通过探索那些目前我们不了解、不熟悉、不擅长的东西持续获得各种生活经历与经验，是个体兴趣动态发展的过程。

在求职初期，我们需要辩证看待兴趣与职业选择的关系，兴趣是影响人们工作满意度、职业稳定度和职业成就感的重要因素，但并不是唯一因素。对于没有职场经验的大学生，在刚毕业时的职业选择中适当做出妥协是一种理性行为。兴趣是可以通过学习经验、自我效能及结果期待的综合影响而产生和改变的，所以并非一定要选择与自己兴趣完全对应的职业，而是要寻求当下最适合自己的选择，在职场适应中逐步提升职业竞争力。

课程作业

▶发现你的兴趣

在你所学课程、完成的作业、参与的活动、参加的社团、所做的实习、担任的干部等内容中，选择1～3项你最喜欢、最投入、最忘我的具体项目，并将它们定位在图3－3的坐标中：

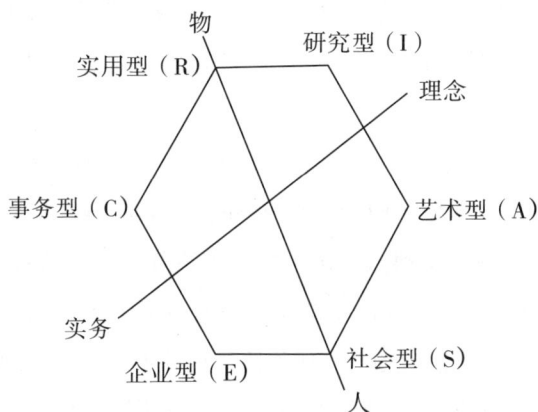

图3－3 兴趣坐标

1. _____

2. _____

3. _____

结合正式测评和非正式评估，你认为自己的职业兴趣代码排在前三位的是？

1. _____

2. _____

3. _____

谈谈你如何理解兴趣在职业选择中的作用。

1. _____

2. _____

3. _____

知识拓展

一、 霍兰德职业兴趣小六码

台湾学者黄素菲在霍兰德理论的基础上进一步提出了"霍兰德职业兴趣小六码"。她认为因为霍兰德原始理论诞生于 1970 年，这个理论在当前时代不太适用，或者说至少有两个假设不适用：第一个是一致性，第二个是适配性。黄素菲在此基础上进一步拓展研究，提出每个专业方向或是职业领域内部其实都拥有一个完整的"生涯小六码"，这个隐藏的小系统足够让你去寻找当中符合你兴趣类型的工作。

以医学专业为例，一般来说其霍兰德代码是 IRS，但是专业领域中的妇产科（IRS）、眼科（IRS）、外科（RIS）、整形外科（RIA 或 RIS）、精神科（ISA）、耳鼻喉科（SIA）、家庭医学科（SAI）等却出现不同霍兰德代码的结构分布体系，这就是小六码的概念。一个行业领域内存在性质极为不同的工作，比如 S（社会型）典型适合职业之一教师，但在教育行业甚至一所高校中，存在教学岗位、行政岗位、管理岗位、学术研究岗位等，这些岗位据其工作性质和内容都可对应不同的霍兰德代码，分别是 S（社会型）、C（事务型）、E（企业型）、I（研究型）。试想，如果你喜欢跟学生打交道、教书育人，但进入大学的行政岗位工作，怎么能谈得上适合呢？

黄素菲的研究以场域论的观点取代传统生涯兴趣类型论的观点，提出"生涯兴趣小六码"的假设概念，关注的是学科或专业领域内的生涯兴趣世界。假设霍兰德的六个类型中，每一个代码都可能隐藏着一套生涯小六码，形成"大类中有小类""外层中有内层"的生涯兴趣"套状关系"。在生涯发展和课程规划上，必须同时考虑学生所在学科专业的场域特性和学生个体性的生涯兴趣类型。

因此，黄素菲认为在这个多元化、跨领域的时代，不能单纯只考虑霍兰德职业兴趣里面的一致性和适配性来限定自己的职业范围。即使个体的霍兰德代码一致性低，也就是代码彼此对立、不相邻，但仍然可以分别在个人生涯兴趣首代码里面的小六码定位其中符合第二、第三代码的各种职业，也可以在个人的第二代码里面的小六码探索其中符合首代码、第二代码的各类职业发展机会。另一方面，即使个体的霍兰德代码与其学科专业或职业领域的代码不一致，但仍然可以利用小六码探索其职业定位的可能性。

总体来说，生涯兴趣小六码模式在职业生涯规划的应用上，能扩大个体在霍兰德职业兴趣测试结果上的多元、弹性解释，也更符合跨学科、跨领域的多元课程和人才培养理念。

二、 社会认知职业理论

（一）SCCT 的三个核心概念

社会认知职业理论（Social Cognitive Career Theory，简称 SCCT）强调在职业发展中起作用的三种个人变量之间的相互影响，即自我效能、结果预期及个人目标。自我效能指的是人们对组织和实施所要得到的行为结果的能力的信念（例如"我能做得了这件事吗"）。自我效能与具体的活动领域有关，其形成与改变主要取决于四种信息来源：过去的绩效成就、观察学习、社会鼓励以及生理和情绪状态等。结果预期指的是个人对从事特定行为的结果的信念（例如"如果我这么做，将会发生什么事"）。个人目标是个人从事特定活动或者取得一定结果的意图（例如"我有多想这么做"），又可分为职业目标和绩效目标两种。

（二）SCCT 的三个子模式

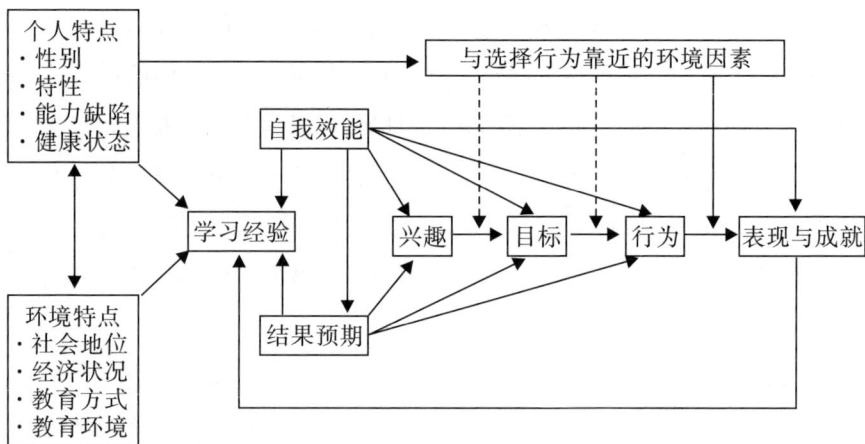

图 3-4 SCCT 社会认知职业理论

SCCT 包含三个相互关联的子模式。在每一个子模式中，上述三个核心变量与个人的其他重要特点、背景及学习经验是相辅相成的，共同影响着职业的选择和发展过程。

1. 职业兴趣模式

对于特定职业的自我效能和职业预期会塑造个人的职业兴趣。如果人们认为自己擅长于从事某种职业，或者预期从事该职业将带来满意的回报，将会形成对该职业的兴趣并且更容易坚持下来。职业兴趣形成后，又将与自我效能和结果预期一起促进个人产生目标，目标又将促成行动并且达成一定的绩效成就，绩效成就又会反作用于自我效能和结果预期，形成一个动态的反馈回路。自我效能和结果预期并不能脱离社会因素起作用，而是会受到外部环境的影响。

2. 职业选择模式

职业选择过程可以分为三个主要阶段：①表达初步的职业选择或职业目标；②采取行动以实现目标；③获得绩效成就，并形成反馈回路，影响个人未来的职业选择的形成。职业选择是一个双向选择的、开放的过程，常常会受到多种因素的影响，而且有多个选择点。职业选择常常但并不总是与职业兴趣相关，自我效能和结果预期也会影响职业选择目标和行动。另外，有两类环境因素也会影响职业选择过程：一类是"先前的背景因素"，例如文化、性别角色社会化、榜样效应、技能培训机会等；另一类则是"当前的环境因素"，例如在做出职业决策时的工作机会，情感上、经济上的支持，环境中的歧视因素等。

3. 工作绩效模式

工作绩效取决于人们的能力、自我效能、结果预期以及绩效目标之间的交互作用。能力一方面直接影响绩效成就，另一方面则通过塑造自我效能和结果预期间接地发挥作用。这就可以解释为什么有时候客观能力差不多的两个人实际的绩效成就却大相径庭。工作绩效也会提供一个反馈回路，反作用于自我效能和结果预期。自我效能并非越高越好，仅当其稍稍高于实际的能力水平时，才会最充分地发挥现有的技能并促进未来的技能发展。

（三）SCCT 的发展与评价

近年来，SCCT 的核心变量及其假设已经引发了大量的研究。许多研究发现，社会认知变量有助于解释职业选择与发展过程中的职业行为，相关性也得到了元分析和直接检验的数据支撑。

首先，SCCT 重视社会认知变量所起到的重要中介作用，突破了只重视客观能力或者工作报偿的传统理念。其次，SCCT 试图建立一个整合、动态的框架，克服了传统理论将心理、社会、经济等影响因素分割开来且缺乏动态的局限性。最后，SCCT 与其他职业理论互为补充，例如与特质因素论不同的是，SCCT 还强调个人与环境相对动态的、具体的特征。

但是 SCCT 也依然有待完善，需要将多种因素更加有机完整地结合。并且，SCCT 的研究基础需要加强，在研究对象上有一定局限，验证性研究多而干预性研究少，理论的完善仍需进一步借鉴其他学科理论中的相关成果。

三、 霍兰德职业兴趣非正式评估

霍兰德职业兴趣测试本身有正式评估和非正式评估之分，正式评估指的是做测评问卷，但因为对题目的理解不同，容易对测评造成偏差，所以一般不会完全以正式评估作为决策的依据。这就需要结合非正式评估，验证正式测评结果的准确性，并分析正式测评中有异议的内容，对其进行进一步非正式评估和澄清。非正式评估一般通过提出开放式问题的方式，通过举具体事例的方式来判断答题者归属于哪一种类型。参考的提问如下：

（1）你最喜欢的 3 件事是？

（2）你最擅长的 3 件事是？

（3）你最崇拜的人是？

每一个兴趣、事件、人都可以带来很多的探索空间，如看电影，可以继续往下探索：什么样的题材是你喜欢的？哪些题材你很讨厌？喜欢和不喜欢的原因是什么？一部你认为对自己影响很大的电影，你是如何看待的？你是从哪些方面来评价一部电影的？

比如，"我"喜欢迈克尔·杰克逊是因为：喜欢把自己展示给大众；喜欢得到他人的认可；做事情时希望加入自己的理解等。

比如，"我"喜欢打篮球是因为：可以用手灵活地处理事务；喜欢与他人合作，共同工作；能对不断变化的环境做出瞬间反应；不需要经常用语言沟通等。

在测试对象讲故事的过程中，要善于抓住关键词，通过进一步追问将所描述的故事具体化，逐一分析并找到对应的代码。最后通过正式评估跟非正式评估得出综合结果，得出的霍兰德代码需要让测试对象自己确认，确保信息准确。当正式测评的结果与非正式评估的结果有冲突时，以非正式评估为准。

推荐阅读

1. 罗伯特·格林. 专精力：从直觉、兴趣到精通 ［M］. 刘璇，江玉得，译. 北京：电子工业出版社，2016.

2. 安德斯·艾利克森，罗伯特·普尔. 刻意练习：如何从新手到大师 ［M］. 王正林，译. 北京：机械工业出版社，2016.

3. 米哈里·契克森米哈赖. 心流：最优体验心理学 ［M］. 张定绮，译. 北京：中信出版社，2017.

4. 力克·胡哲. 人生不设限 ［M］. 彭蕙仙，译. 武汉：湖北教育出版社，2015.

5. 乔·普利兹，孙庆磊. 兴趣变现：内容营销之父教你打造有"趣"的个人IP ［M］. 北京：中国人民大学出版社，2018.

第四章

挖掘你的能力

能力＝知识＋技能＋才干，
能力优势不等于自我限制。

课程目标

态度： 正确认识自我的能力，建立对于能力提升的正确认知，并对自己的能力提升负责。

知识： 理解能力的构成以及能力与职业的关系，了解能力评估、挖掘的方法和步骤。

技能： 学会分析自我的能力并制订能力提升计划，甄别及应对能力陷阱，勇于突破能力限制。

课程导览

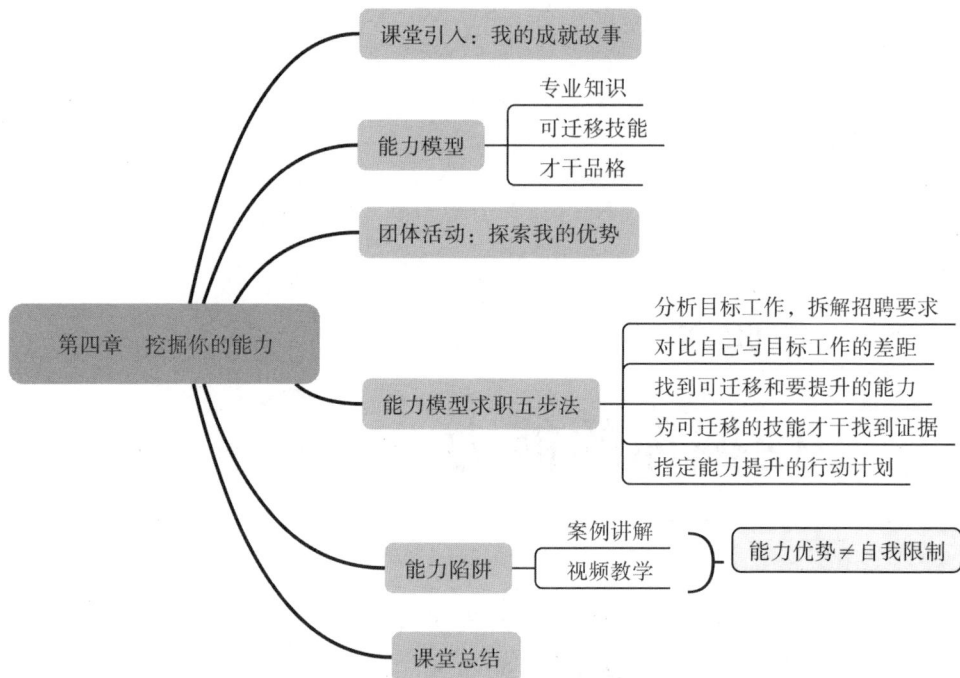

课程知识

◎ 职业能力的概念

讲解重点

　　职业能力是个人将所学的知识、技能和态度在特定的职业活动或职业情境中进行类化迁移与整合所形成的能完成一定职业任务的能力。

── 教师引导 ──

　　职业能力是一个人能否进入职场的先决条件，是能否胜任职业工作的重要前提。无论从事什么职业都需要一定的能力作支撑。没有职业能力，就没有职业生涯可言。

◎ 能力苹果模型

　　教学建议：教师简要介绍能力苹果模型的基本定义和概念之后，可以结合"案例运用"中的中学教师能力苹果案例与学生一起练习如何在实际案例中运用能力苹果模型，以加深学生对该模型的理解程度，提高应用能力。

　　能力苹果模型解析的是个人职业能力结构。本模型将人的能力层级与苹果的"果皮—果肉—果核"结构作类比，将人的能力归纳为"知识—技能—才干"三个层次：最外面的果皮层能力是"知识"，即一个人学过的、懂得的东西；中间的果肉层能力是"技能"，即一个人能操作、能完成的事情；最内里的果核层能力是"才干"，即一个人的个性、品质和内在特征。

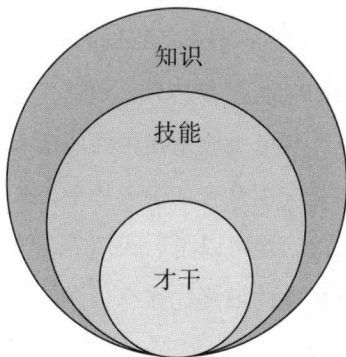

图 4 - 1　能力苹果模型

> **讲解重点**
>
> 　需要理解能力苹果模型的基本概念，通过适当举例解析"知识—技能—才干"三个能力层次的基本定义、培养策略和呈现方式，并学会应用能力苹果模型来进行自我能力挖掘。

—— 教师引导 ——

（1）能力苹果模型的果皮层是知识（Knowledge）。知识，是指一个人学过的、获得的经验与信息。例如物理、生物、法律、如何管理、如何骑车等都属于知识的范畴。知识无法迁移，如果要获得新的知识，就需要重新学习。知识的培养策略主要是学习和搜索。知识不仅仅来自学校，有很多校外的渠道也可以得到知识：例如书籍、专业人士的分享、业余培训等。知识通常通过学历专业、资质证书等形式呈现出来，例如本科毕业证书、驾驶证等。但知识的重要性往往会被夸大，一遇到困难就去学习新知识来进行弥补，这是一个很大的误区。

（2）能力苹果模型的果肉层是技能（Skill）。技能，是指一个人运用知识和经验，通过练习而形成的趋于完善化、自动化的复杂系统。例如管理、使用电脑、表达等通用技能，说服、领导、沟通、展示等社交技能，分析、统计、使用仪器等专业技能。技能的培养策略是刻意练习和迁移，一般用可衡量业绩和实战实践来呈现。相比于知识的目标是知道正确答案，技能的目标则是熟练，技能的习得需要刻意练习，直到熟能生巧。知识不可以迁移，但技能可以迁移，掌握了一项技能，可以应用在不同的事件上。比如换到新的行业工作，知识是需要重新学习的，但是有些技能是可以迁移使用的。

（3）能力苹果模型的果核层是才干（Talent）。才干，是指自发并贯穿于生活中的思维或行为模式，例如专注、亲和力、幽默、感染力等。才干常常被用来形容人的个性、品质、特征，它可以应用在生活的所有领域，而且往往都是无意识地使用。才干的培养策略是应用整合，个人才干以长期观察和自我归纳的方式呈现出来。才干可以是先天的，也可以是后天培养出来的。才干的挖掘需要深度的自我探索，才干对于实现职业的最终优秀有很大的贡献，但单一的才干无法被识别，需要与知识技能相组合。

总之，从学习搜索到的知识，到刻意练习和迁移练就的技能，再到应用整合成个人才干，这就是能力苹果模型的三个层次。

我们可以用专业棋手的职业发展路径来帮助理解能力苹果模型。

知识：刚开始的训练是记棋谱，这是知识累积的过程。

技能：接下来通过不断地下棋提升棋力，算出还有多少步能赢，这是技能的进阶。

才干：高段位的棋手并不依靠棋力取胜，最后出奇制胜的一着，完全源自有浓厚个人特质的灵感，这就是才干。

表4-1　能力三层次

	定义	举例	培养策略	呈现
知识 （Knowledge）	经验与信息	陈述性： 物理、生物、法律 程序性： 如何管理、如何骑车	学习 探索	学历证书 资质证书
技能 （Skill）	运用知识和经验，通过练习而形成的趋于完善化、自动化的复杂系统	通用技能： 阅读、电脑、表达 社交技能： 说服、领导、沟通、展示 专业技能： 分析、统计、使用仪器	刻意练习 迁移	可衡量业绩 实战实践
才干 （Talent）	自发并贯穿生活的思维或行为模式	专注、亲和力、幽默、感染力	应用整合	长期观察 自我归纳

◎ 能力苹果模型求职五步法

在应用方面，能力苹果模型能够帮助学生进行自我能力挖掘，以做好求职准备。能力苹果模型求职五步骤如下所示——

第一步：用能力苹果模型分析目标工作，拆解招聘需求。

通过分析拆解招聘启事，整理出在应聘该岗位前需要掌握哪些知识，熟练哪些技能，拥有哪些才干。

教学案例

视觉设计岗招聘

（1）美术、设计相关专业本科或研究生，综合素质扎实，热爱设计行业；

（2）有一定的设计理论知识和对流行趋势敏锐的洞察力；

（3）富于创新、思维灵活，并对先进的设计理念和技术有较强的理解能力；

（4）能够熟练使用 Photoshop、Flash、Illustrator 等软件；

（5）良好的沟通能力和团队协作精神，能承受高强度的工作压力；

（6）个人过往作品集。

在这则视觉设计岗招聘中，我们可以剖析出该企业要求应聘者需要具备的能力是：

（1）知识层：美术设计相关专业、设计理论知识；

（2）技能层：对流行趋势的敏锐洞察力、富于创新、思维灵活、良好的沟通能力、对设计理念和技术有较强的理解能力、熟练掌握相关软件；

（3）才干层：热爱设计行业、具备团队协作精神、能承受高强度的工作压力。

第二步：从知识、技能、才干三方面对比自己与目标工作的差距。

表4-2　能力现状分析

能力模型	现状	目标职业的要求
知识		
技能		
才干		

第三步：圈出自己可迁移和要提升的能力。

第四步：完成《能力评估表》，为可迁移的技能才干找到证据。

表4-3 能力评估表

能力类型	具体内容	例子/证据
专业知识	例：英语 1. 2.	通过了六级考试、高考分数135分
可迁移技能	例：组织能力 1. 2.	成功组织了班级第一次户外活动
才干品格	例：责任感强 1. 2.	做事情极少拖拉

第五步：制订可行的能力提升行动计划。

表4-4 能力提升计划

	提高目标	计划时限	具体操作
知识			
技能			
才干			

能力苹果模型求职五步法的分析和实操，能够有效地帮助大学生分析清楚自己的能力圈层，同时通过对照自己已有的能力和业界需要的能力，找到自己需要提升的目标和方向。最后借助能力提升行动计划表，明晰自己的前进方向，进而提高自己的求职竞争力。

◎ 技能迁移策略

技能迁移是指在跨岗位、跨职业、跨行业的职业变动中，人将职业能力迁移、应用到新的职业环境中，以解决新的问题。技能迁移是职业规划中一项重要的技术，是伴随人终身的可持续发展能力。

教学建议：教师简要介绍技能迁移策略时，可以结合"案例运用"中"从教培到直播——新东方的转型之路"的案例，与学生一起分析技能迁移策略的内涵与思路，有助于学生对该策略的进一步掌握与运用。

讲解重点

　　我们很难一开始就在职业之林里找到最适合自己的那棵职业树，并且一爬到顶。因此，我们的策略应该是先找到自己最有可能的领域进入，在其中积累能力，等到恰当的时候迁移到"更适合"的新工作中去。通过不断的能力修炼、迁移和组合，最终在找到最适合自己的领域的同时，也拥有了独特的个人竞争力。

教师引导

　　在职业世界这座树林里，如果每棵树代表着一个职业，而我们求职者就是树林里的猴子。我们不乏听到学生有这样焦虑的声音："万一我辛辛苦苦爬上这颗职业树，发现这不是适合自己的树，我岂不是在浪费时间？"对于这个问题，生涯规划里有很好的解决方案：技能迁移——求职者可以从一棵职业树，直接跳到另外一棵职业树上，而没有必要回到地面重新去爬树。因为技能的可迁移性，求职者可以从一个行业转入另外一个行业，而不需要从头再来。技能迁移是职业生涯规划中一项重要的技术——如何把在上一份工作中学习到的能力，无损地转换到下一份工作里面去。事实上很多行业的第一批先驱者都是转行而来，他们是技能迁移的应用者。

　　如今我们正处于一个职业和行业迅速变化的年代。未来的职业发展大概以 3~5 年为一个阶段，每个阶段之间都需要系统地重新学习新的领域的知识，在职的技能培训与学历教育会成为常事，间隔年的旅行和学习也会成为潮流。停止焦虑，不要担心自己选错了职业树，所有努力都不会白费，立足当下、展开行动才是关键。

◎ 能力陷阱

　　能力陷阱（Competency Trap）最早由学者莱维特和马奇于 1988 年提出，我们往往只做自己擅长的事情，不敢也不愿意去尝试新的工作内容，只是日复一日地做同样的工作，这种陷入舒适区的状态就是能力陷阱。如果我们只愿意做自己擅长的事情，而职场环境一直在变化，当外界环境的变化使我们原本擅长的事情不再有价值之时，这些在过去帮助我们获取成就的能力，就变成了阻碍我们在职场进一步发展的陷阱。

教学建议：为帮助学生更好理解本概念，教师需要结合"课程案例"中"业绩第一得不到晋升？谨防能力陷阱！"的故事，生动形象地进行能力陷阱的解读。该樊登读书会的《能力陷阱》视频片段可作为课堂教学视频播放，丰富教学手段。

讲解重点

如果只以过去的技能和特长定义自己，则会故步自封，忽略了自己更多的可能性、其他能力或者更应该做的事。职场修炼，要看向未来，而不是盯着过去的成绩。

教师引导

埃米尼亚·伊贝拉在《能力陷阱》一书中说："人们容易沉迷于做自己最擅长的事，做擅长的事让我们有更多的成就感，更何况它还很可能是我们过去取得成功的关键。"其实能力本身不是陷阱，能力带来的安全感才是。

我们很难以目前的状态定义未来 10 年、20 年后的自己，因为社会在发展，我们的能力也在提升，我们可以有一个模糊大致的想法或者蓝图，同时要警惕以目前的想法是否会限制了未来的发展和其他的可能性。正如 2022 年北京冬奥会口号"一起向未来"一样，在职业世界里，我们也要看向未来，提防落入能力陷阱。

案例运用

▶探索成就事件：制作 PPT 并在课堂上演示讲解课程内容

这学期，作为师范生的必要培训内容之一，我们的教学技能培训课要求我们在学期当中必须自选题目并用 PPT 进行一次演示讲解。在此之前，我没有学过如何制作 PPT。我请同宿舍的一位同学用了大约 20 分钟的时间教我 Powerpoint 软件的基本使用方法，自己在学校的电脑机房又琢磨了一下，并向机房的管理人员请教了几个不明白的问题。选定了要讲的题目后，我上网搜索了相关的资料和图片，然后制作了 10 分钟课程的辅助教学 PPT。在课堂讲解演示中，由于我制作的 PPT 图片精美、文字与内容搭配得宜，我获得了 95 分的高分，得到了老师和同学的称赞。

教学建议： 这个案例分析可以放在课堂活动"我的成就故事"的小组讨论前作为能力挖掘的范例讲解，给予学生清晰的引导以实现更好的讨论效果。

───── 教师引导 ─────

从成就故事案例中挖掘出来的能力包括：面对新情况，表现出灵活性和很强的适应能力；敢于迎接挑战；快速学习；善于利用人际资源；清晰地沟通；积极主动；搜索信息；图片文字的处理、编辑和组织；耐心；关注细节；克服压力。

▶**中学数学老师的能力苹果模型**

───── 教师引导 ─────

我们了解了能力苹果模型是由知识、技能、才干三个层次的能力构成。那么你认为中学数学老师的能力苹果模型是什么样的呢?

【知识层】学科专业知识、教育心理学、教学知识、信息技术

【技能层】授课能力、学习能力、研究能力、组织管理、时间管理

【才干层】耐心、师德、敬业、责任感、热爱学生

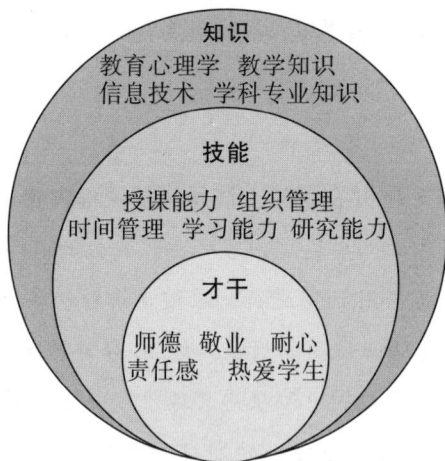

图 4-2　中学数学老师的能力苹果模型

▶从教培到直播——新东方的转型之路

在双减政策的大背景下，新东方经历种种阵痛——K9 教育、在线教育等业务板块均受到冲击。最近，曾经的教培帝国新东方以直播带货重回大众视野。昔日的金牌讲师摇身一变成为带货主播，知识型卖货一下子成为新的热点，人们被新东方老师渊博的知识和幽默的风格吸引。新东方的转型之路已渐渐走入正轨，这背后其实蕴含着人才能力的迁移：优秀的讲师和优秀的主播之间有着很多共通之处——比如敏捷的互动能力、极强的语言表达能力、优秀的内容设计能力等。

教师引导

新东方金牌讲师转型带货直播的案例对我们进行职业生涯规划有什么启发？学会使用技能迁移大法，通过对自身各方面能力的不断修炼、迁移和组合，在今天这个多变的职场中发展成为有独特竞争力的个体。

▶业绩第一得不到晋升？谨防能力陷阱！

某公司营业部中一个团队有人员调动，团队主管职位有了空缺。35 岁的周茹是候选人之一，她做了 10 年销售，业绩排在营业部第一名，是经理见过的最敬业的人。她对客户的服务细致入微。客户大老板就曾拍着桌子说，这个行业只认她。营业部经理认为周茹的阅历、能力、精神，应该就是主管的第一人选了，于是向上级写了申请。根据规定，任命周茹为见习主管，考察期半年。需要说明的是，部门经理只有推荐权，最终拍板的是分公司分管副总（简称分管总）。分管总要在这半年对见习主管有一个全面的评估，最终决定能不能转正。这半年里，尽管营业部经理在分管总面前有意无意提及周茹的敬业，而分管总却从不表态。半年过去了，营业部经理为周茹申请转正。但分管总最终只批了几个字："不同意转正。"营业部经理有点诧异，甚至带有一丝愤怒，不理解这么好的员工为什么得不到晋升？于是营业部经理找到分管总，开启了以下对话。

经理："领导，您为什么不同意周茹晋升？"

分管总："我观察了她半年，能力不行。"

经理："怎么会？她做业务可是一把好手！"

分管总："那只证明她业务能力强，不代表她管理能力强。"

经理："可你也不能说她管理能力弱吧？"

分管总："这半年，她团队的业绩，都来自她自己的客户。团队 8 个人的业绩，都没什么增长，这说明什么？"

经理只好转换话题："可是，她做业务时，业绩排名第一啊！不应该得到晋升吗？"

分管总："业绩好，奖金就是奖励，怎么能拿晋升当成奖励呢？作为管理者，要把合适的人放到合适的位置上，你要看向未来，而不是盯着过去。"

讲解重点

人们容易沉迷于做自己最擅长的事，做擅长的事让我们有更多的成就感。周茹过往为客户服务游刃有余，又能得到很多褒奖，这种安全感很难割舍。而管理工作，对她来讲，却充满了不确定性。让人本能地逃避，让人不自主地退回舒适区。最终，她掉进了自己的"能力陷阱"之中。

— 教师引导 —

从见习那段时间来看，周茹并没有实现身份的转变。周茹只是沉浸在自己服务客户的卓越能力中，天天为一些具体的小事儿忙个不停。她没有意识到管理的重心是驱动他人。一个管理者，如果连一个简单的沟通邮件，都不放心交给手下去办，没有切实可行的管理举措让团队成员得到成长，团队业绩也上不去。服务客户的能力只是过去成绩的印证，并不能代表她在更高的位置上能做得好，所以她得不到晋升也在情理之中。

课堂活动

▶活动一：我的成就故事

回忆一下自己取得的成就，那些自己做过的自认为比较成功或是感觉很不错的事情。关键是你做这件自己喜欢的事时的感受，如果你为完成它所带来的结果感到自豪，都可以称之为"成就事件"。成就不一定都是惊天动地的大事，也可能只是一次"悄无声息的胜利"。比如筹划了一次同学聚会、为家人出谋划策、修理好某个电器装置、及时帮助他人等。请每位同学用四宫格简笔画的形式画出当时的场景，然后把你的故事和感受讲述给你的同组小伙伴听。成就故事分享需要包括下面六个部分。

（1）任务目标：我想完成的事情；

（2）过程障碍：我必须去克服的障碍、限制、困难；

（3）行动步骤：我是如何一步步克服障碍、达成目标的；

（4）描述结果：我取得了什么成就；

（5）量化评估：成就结果的证明；

（6）讨论思考：我的成就故事说明了什么？——从我的成长经历，我发现自己具备/收获了哪方面的知识？具备或者学会了什么技能？具备什么样的品质或特征？

活动时间：25 分钟左右。

活动准备：给每个小组的学生派发一定数量的 A4 纸和彩色笔。

教师引导

在课堂上展示成就故事四宫格简笔画范本作为示例。在活动过程中分为两个阶段，第一阶段学生作画 15 分钟左右，教师观察每组学生的绘画进度，适当提醒学生注意时间。第二阶段小组讨论 10 分钟左右，鼓励每个学生在分享故事的同时，同组同学帮助故事讲述者分析和挖掘，以优化自我能力挖掘的效果。

活动总结

通过与小组同学一起探索挖掘自己的成就故事，从中梳理概括出自己的知识、技能和才干品质，为自我赋能。同时引入能力苹果模型的知识点，帮助学生更加明晰自己的能力构成。

教学建议：该活动可以作为课堂导入的活动，激发学生自我挖掘和探索能力的兴趣。同时通过团体互助模式，增加认识自我的视角，进而优化自我能力剖析的效果。

▶活动二：探索我的优势

请根据自己的实际情况，将《能力清单》中列举出来的 45 项能力填入四象限中：

"高能力＋不喜欢"的能力填入第一象限：存储区；

"高能力＋喜欢"的能力填入第二象限：优势区；

"低能力＋喜欢"的能力填入第三象限：潜能区；

"低能力＋不喜欢"的能力填入第四象限：盲区。

能力清单

·计划、组织：确定不同阶段项目目标，制定日程计划并推进

·执行：根据制度、规定或计划采取准确的行动

·计算机技能：利用软件，如 Word、Excel、PowerPoint 等，推进、完成任务

·持续记录：通过日志流水账、比较或表格等方法保持信息的更新

·时间管理：确定任务的优先顺序，做好安排，保证任务的及时完成

·适应变化：轻松且快速地适应工作任务与环境变化

·评测检查：对熟练程度、质量或有效性再三仔细检查

·校对编辑：检查书面材料中的词汇使用和题材是否正确，并改正

·写作：撰写报告、信件、文章、广告、故事或教材

·机械使用：装配、调试、修理和使用机械

·事务管理：协调事务，做好后勤安排

·销售：使客户确信产品或服务的价值，增加销售金额

·团队合作：易于与他人合作以实现共同目标

·客户服务：有效解决顾客提出的问题，应对顾客的挑剔，最终使顾客满意

·临场应变：在无准备的情况下有效地思考、演说或行动

·表演与演说：为他人进行演唱、舞蹈、演奏等表演或在大众面前阐述观点和演讲

·询问：在交流中通过提问捕获关心的问题

·多语言：熟练使用英语或其他外语进行书面及口头交流

·情绪管理：善于管理自己的情绪，能运用恰当的方法宣泄情绪；善于倾听、接纳他人；可以控制愤怒，保持冷静；有适时的幽默感；懂得感激

·谈判协商：为保障权益，通过谈判协商达成一致意见

·咨询：通过指导、建议或训练他人，促进其个人成长

·人际沟通：能有效、明确地表达及解读成员的信息，可以在集体中充当联络人角色，并能处理矛盾，化解冲突

·创新：通过思考、构想、遐想和头脑风暴的方法产生新的想法，获得新的结果

·美术设计：运用一定的审美观念、表现手法及专业工具将某种构想和计划视觉化或形象化

·图像处理：用计算机对图像进行分析以达到所需结果的技术

·绘画摄影：素描、绘制地图和油画、拍摄照片等

·处理数字：使用计算、演算等方法，解决数字、数量相关问题

·归纳总结：整合概念和信息，使不同的元素形成系统的整体

·分析：用合乎逻辑的方法分解和解决问题

·观察：用科学的方法研究、细察、检测数据、人或事

·概念化：从问题、现象中提炼出相关观点

·归类：为人、事、数据或资料分组、归类，使之成系统

·资料收集：通过书面或互联网有效地收集、组织信息和数据，以获取关注的信息

·授权：通过将任务分配给其他人的方式取得有效成果

·领导力：激励他人，发挥影响力改变现状，运用领导力引导新的方向

·多任务管理：协调多个并发任务，使之得到有效的执行

·教导指点：通过教导并指点学生、员工、下级或客户，促进其领悟与成长

·预见：根据科学规律预先料到事物的变化结果

·直觉：运用洞察和远见能力

·展示与演示：对学生、员工或顾客进行说明、解释和指导

·处理模糊问题：轻松高效地处理缺乏清晰性、结构性和确定性的问题

·决策：对重大、复杂或常见的问题做出决定

·监控推进：跟进了解事态进展与发展趋势，加速生产或服务，寻找问题排除故障，使流程更加顺畅

·预算：制订更经济、更有效地使用金钱或其他资源的计划

·评估：对价值或成本进行评定或评价质量与可行性

高能力

喜欢 ←——————→ 不喜欢

低能力

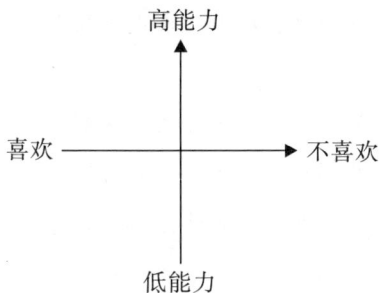

图 4 - 3　能力管理四象限

活动时间：15 分钟左右。

活动准备：给每位学生发一份《能力清单》和一份空白的《能力管理四象限》图。

───**教师引导**───

横轴从左到右表示从喜欢到不喜欢的区分；纵轴从下到上表示能力从低到高的程度。根据你对自己各方面能力的了解，把清单上的能力分别填在能力管理的四个象限中。

活动总结

每个人的能力有四个象限分区，我们需要对自己的现有能力有清晰的认知，并分类管理自己的能力。强化"高能力 + 喜欢"的优势区，聚焦优势精进外化；利用"高能力 + 不喜欢"的存储区，重新定位组合使用；培养"低能力 + 喜欢"的潜能区，选定能力刻意练习；认真对待"低能力 + 不喜欢"的盲区，扬长避短授权合作。

课程思政

▶**正确认知能力，警惕"慢就业"**

引导学生对自身能力进行系统梳理，是帮助个体建立正确的自我认知的基本前提和有效途径。俗话说"人无完人"，每个人都有自己擅长的领域，不应妄自菲薄；同时也不能骄傲自满，应该正视自己的缺点和不足。通过"三省吾身"

反思自己需要提高和改进的方向，不断地发扬优势、补齐短板，找到自己适合的领域，磨炼自己独特的竞争力，树立职业目标和人生理想，在未来的职业生涯中实现个人价值和社会价值。

职业生涯规划是面向未来的教育，它是用专业的理论知识和工具方法，培养能适应未来且创造未来的人。因此，职业生涯规划的课程思政要引导学生辩证看待自己的能力，不能因为过去的能力优势而沾沾自喜，在功劳簿里"躺平"，也不能沉浸在过去失利的阴影里，怀疑人生、自暴自弃。例如，有的同学因为高考失利，没有进入自己理想的学校或专业。来到大学后，经常自怨自艾认为自己运气不好，但又不想努力改变现状，只幻想好运能主动降临或者干脆抱着"破罐子破摔"的心态，整日沉迷游戏不思学习，最后因为学业黄牌预警被退学。

近年来，大学毕业生"慢就业""懒就业"的现象愈发明显，通过大学生"慢就业"的意愿调查可知，"慢就业"大致分为理性选择型和被动无奈型两大类。理性选择型是因为大学生毕业后并没有充分做好就业准备和人生规划，决定放慢步伐、调整心态，给自己一个由学生向职场人转变的过渡期。被动无奈型则是由于大学生缺乏职业生涯规划，不具备相应的就业能力，因就业形势严峻产生的逃避心态，以"找不到令自己满意的工作"等为借口，逃避自己的职场生涯。以目前的就业市场和形势看来，大学生选择"慢就业"的原因有很多，最常见的有四个：就业市场竞争激烈、预期工作与现实工作出入较大、没有明确的职业规划、自身竞争力不强。

讲解重点

正确认知自己的能力，不因"眼高手低"而逃避就业，不因"能力陷阱"而限制自己。将重心放在未来的生涯发展上，主动冲破自我限制，勇于尝试、面向未来，在工作实践中证明自我、提升能力。

教师引导

（1）先就业再择业，在实际工作中提升能力进而追求更高的就业目标，避免一味地寻找和等待。如果因为竞争激烈或能力不足而选择"慢就业"，反而容易忽略了自己发展的可能性或者错失提升能力的机会。事实上，能力是可以通过学习和锻炼获得的，过去的能力不代表未来。有些大学生毕业后的第一份工作虽然不是最理想的岗位，但他们不消极、不逃避，在已有工作中不断充实自我，通过进修、学习，最终找到了理想的工作。而有的毕业生因为职业期待值过高，在犹豫中错过了最佳应聘期，造成"高不成低不就"，反而越发迷茫、焦虑，既担心自己一无所成，又不肯找一份工作踏踏实实地从头做起，最终错失了机会、浪费了时间。

（2）部分"慢就业"学生出于家庭经济条件殷实、创业考察、支教、游学等原因而不急于就业。事实上，"慢就业"并非不就业的理由与"良药"，过度"慢就业"会使大学生产生就业懈怠情绪，丧失就业的斗志和信心。职业生涯规划课程需要从思政教育的角度端正大学生的就业观念，激发学生的积极奋斗心态。在不得已选择"慢就业"的同时，需要在抵住压力的情况下不断提升自身能力，真正实现"以时间换空间"。引导学生抓紧时间提升知识储备、个人素养和核心竞争能力，摆正自己的位置，思考职业规划，为尽快就业做好准备。

教学案例

体操"全能王"杨威的别样人生——保持斗志，不惧挑战

杨威1980年2月8日出生于湖北著名的"体操之乡"仙桃市，这里曾经培养了李大双、李小双兄弟等体操名将。1985年，5岁的杨威踏入湖北省仙桃市业余体校的那一刻，他的体操生涯也就此开始。他10岁进入湖北队，16岁入选国家队，从此开始了自己向全能世界冠军发起冲击的征程。他凭借着在双杠、吊环等项目上的突出表现，不仅和中国队的其他队友们一同获得了多枚团体金牌，在个人项目方面也是成绩斐然，是名副其实的体操"全能王"。

2000年悉尼奥运会，崭露头角的同时饱受争议

人们真正认识他，是在2000年的悉尼奥运会。这段备战期，杨威更是刻苦训练，付出了常人难以想象的艰辛努力，常常练到自己躺在地上起不来，吃饭的时候在练，休息的时候还在练；最后还是在教练强制要求下，才走出训练馆去休息。初次参赛，他便将男子团体金牌与个人全能银牌收入囊中。虽然银色并不如金色那样耀眼，他却自信满满地相信，自己完全有夺得个人全能金牌的能力。但在此时，已经有人开始对杨威产生了怀疑。在奥运会这样的全球体育盛会之上，他们是不会允许杨威失败的；杨威面对这样的处境，也是默默接受外界的各种指责。

2004 年雅典奥运会，命运再一次开了一个玩笑

谁也没有想到的是，四年之后迎接他的，竟是出乎意料的失败。2004 年雅典奥运会上，不仅他，整个中国男子体操团都在卫冕的压力中败下阵来，而他个人全能赛的成绩更是十分不理想。他无颜面对对自己充满期待的观众和粉丝，无颜面对朝夕相处、对自己关怀备至的教练和队友。这时候的杨威心中充满了不甘，充满了不理解。为什么自己这么努力，这么拼命，命运还是要跟自己开一个这样的玩笑呢？

"千年老二"一跃成龙，开始"耀武扬威"

自此次失利之后，杨威退役的想法立即被教练和领导所阻拦。他们认为杨威不应该在这一次就萎靡不振，认为自己不行！他们带领队员给杨威加油打气，一个个来鼓励杨威正面面对挫折！就这样，杨威重拾信心，抓紧训练，备战之后的世锦赛。

就这样杨威再次踏上征程，或许正是因为被失败虐了千百回，尝遍了人生百味，这时候的杨威开始"耀武扬威"，真正成为称霸体操界的王者。

在之后 2006、2007 年的两届世锦赛上，杨威凭借完美的表现，碾压式地夺得男子个人全能项目的冠军，还创造了 80 年来新的历史纪录！

2008 年北京奥运会，梦寐以求的奥运金牌

杨威与其队友在体操团体比赛之后，势如破竹，一举拿下团队金牌！之后杨威在男子个人全能项目上，稳定发挥，顺利拿下，排名榜首！

每一个项目杨威都拿出 200% 的专注精神，认真去对待；最终，在万众瞩目下，杨威一举夺得男子个人全能项目的奥运冠军！他终于能挺起自己的胸膛面对全国观众、全世界的观众！

二十多年的体操生涯，终于在他获得金牌后完美落幕。退役后的他重归校园深造，组建了自己的家庭。他担任过人大代表，出版了自己的新书。生活比在役时精彩了许多，而新的挑战也随之出现。

他曾拥有无数枚银牌，独独缺一个世界冠军，他笼罩在"千年老二"的魔咒中。他在遭受雅典奥运会的重大打击后一度萌生过退役的想法，但最终还是坚持了下来。他重拾斗志和信心，不断地苦练和提高，抗争了七年，最终，魔咒被打破。

在我们的人生之中，总会面对各种各样的挫折、困难，这时候千万不要想着

放弃，你所需要做的只是朝前不停地迈步，脚踏实地，一步一个脚印地走向山顶，那里会有更加明亮、强烈的光。

课程总结

1. 能力苹果模型

能力苹果模型由知识、技能、才干三个层次组成。大学的学科学习不仅可以让你获得知识，还可习得相关的技能和才干。知识没有迁移性，但技能和才干可以迁移到其他工作上，同时加速你在新领域的知识学习速度。大部分的职业技能都由70%的通用技能（如运营、执行、营销、沟通、管理）和30%的专业技能组成。在才干层面，职业之间的界限完全被打破。工作中培养的才干会蔓延到你生活中的每一个方面。因此，学好知识，锻炼技能，挖掘才干，一通百通。

2. 能力优势≠自我限制，小心能力陷阱

过去的辉煌成绩只能代表过去，能力优势不等于自我限制，故步自封，一味沉迷于过往能力成就带来的安全感和舒适区的庇护，将限制个人的成长和发展。大学生要看向未来，保持终身学习的心态和行动，小心陷入能力陷阱。在生涯探索早期阶段，我们对职业目标或者具体规划可能只有一个模糊的概念，不妨勇于尝试，采取积极的行动去实践一个职业、一个角色或者一种状态。

课程作业

▶每人画一个自己的能力苹果模型

梳理你目前的能力：我现在拥有哪些专业知识？有哪些可迁移技能？有哪些才干品格？并与目标工作/实习岗位做对比，找到差距并反思你需要提高的方面，制订能力提升计划。

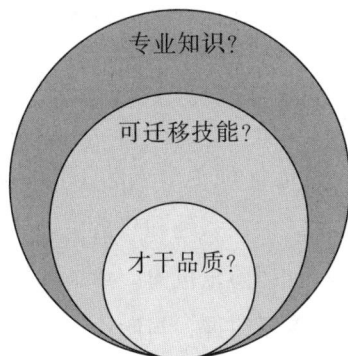

专业知识？

可迁移技能？

才干品质？

能力模型	现状	目标职业的要求
知识		
技能		
才干		

本学期能力提升清单			
要学习的三本书/课程			
要做的三件事			
要请教的三个人			

知识拓展

1. π 型人才

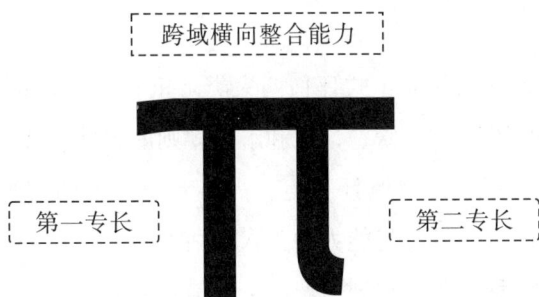

跨域横向整合能力

第一专长　　　第二专长

图4-4　π型人才

π型人才指至少拥有两种专业技能，并能将多门知识融会贯通的高级复合型人才。π下面的两竖指两种专业技能，上面的一横指能将多门知识融会应用。第一个技能是以工作为导向的，以解决生活刚需为主；第二个技能由激情主导，以兴趣爱好为出发点。第一个技能保证了个人的工作专业性，赚钱养家，解决温饱，过上自己想要的品质生活。而由兴趣和热情主导的第二技能可以在第一技能出现变故的时候迅速顶上，增加风险抵抗力。举个例子，樊登老师当年到处讲课的时候，与他工作相关的技能就是讲课，与激情相关的技能是讲书。樊登的激情在于给更多的人传播书本上的知识，但当时还不能靠这个谋生。后来他创办了樊登读书会，把第二技能发展成第一技能。现在他的第一技能是讲书，希望发展的第二技能是写作或管理等。

过去我们推崇T型人才教育模式，所谓T型人才就是在拥有广阔扎实的知识储备基础上，培养一个专长，深耕其中，最后成为该领域的专家人才。而π型人才则是另一种复合型人才的新结构。从形状上看，π型人才就意味着我们必须至少在两个领域深耕，同时也像T型人才一样涉猎多个领域，拥有广阔的知识面，具备跨领域横向整合的能力。对大学生来讲，面对如今变化迅速的就业市场，应该转换思维进行突围，让自己成为一个π型人才，才能更加自信地接受时代的挑战。想要成为π型人才，首先要保持终身学习的能力，在如今这个充满不确定性的后疫情时代，不断地学习能帮助你的"π"并不断地进化，保证"两条腿"随时交替，让人生不断更迭，不会轻易被时代抛弃。其次，我们需要具备长远的目光，不局限于眼前，勇于探索新方向。在跟随学校的教育节奏下，针对自己的整体规划进行自我提升，同时扩展其他领域和能力的发展，实现跨越式成长，努力成为一个π型人才。

2. 能力评估

能力评估分正式评估和非正式评估两大类。正式评估是指采用测评、测量、测验的方式，有明确的实施步骤、计分和解释规则的评估手段。正式评估的结构性比较强，结果更客观，提供测评报告，需要专业人员的解释。例如年度营销额、高考成绩、技能量表等都是能力的正式评估方向。

非正式评估是一种在职业规划中搜集个体信息的方式，与标准测评相比，它的结构化程度不高，常常与标准测评相结合使用，帮助职业规划师和来询者更深入地了解个性化的信息，在职业规划过程中有举足轻重的作用。相比正式评估，它用时更长，需要咨询双方来深入沟通、思考和探索分析，不能提供正式测评报告，不是标准化答案。例如成就事件分析、自我评估、他人评估、比赛名次等都可以作为能力的非正式评估方向。

表4-5　能力评估

	评估方向	评估手段
正式评估	可衡量的业绩	可衡量的业绩与绩效
	考试成绩	正式的考试成绩
	技能量表	技能量表得分与分析
非正式评估	成就事件分析	成就事件分析
	自我评估	能力工具卡
	他人评估	亲友、同事、面试官、360度评估
	比赛名次	正式、非正式比赛名次

3. 胜任力与冰山模型

胜任力（Competency）是人力资源领域的一个经典概念，最早由哈佛大学教授戴维·麦克利兰（David McClelland）于1973年正式提出。胜任力是指能将某一工作中有卓越成就者与普通者区分开来的个人的深层次特征，它可以是动机、特质、自我形象、态度或价值观、某领域知识、认知或行为技能等任何可以被可靠测量或计数的并且能显著区分优秀与一般绩效的个体特征。有的学者从更广泛的角度定义胜任力，认为胜任力包括职业、行为和战略综合三个维度。职业维度是指处理具体的、日常任务的技能；行为维度是指处理非具体的、任意任务的技能；战略综合维度是指结合组织情境的管理技能。

冰山模型是将人员个体素质的不同表现方式划分为表面的"冰山以上部分"和深藏的"冰山以下部分"。其中，"冰山以上部分"包括基本知识、基本技能，是外在表现，是容易了解与测量的部分，相对而言也比较容易通过培训来改变和发展。而"冰山以下部分"包括价值观、自我认知、品质和动机，是人内在的、难以测量的部分。它们不太容易通过外界的影响而得到改变，但对人员的行为与表现起着关键性的作用。

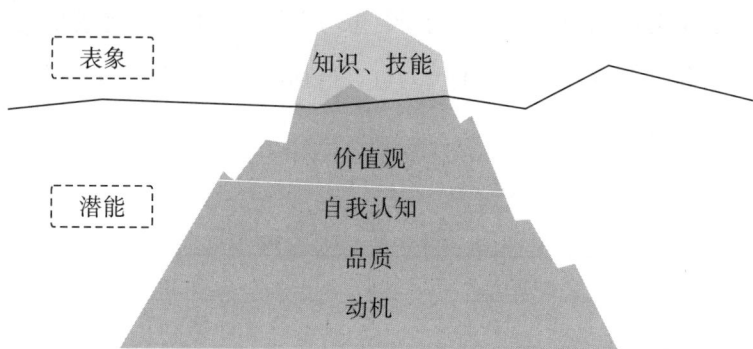

图 4-5　冰山模型

冰山模型的有效运用，需要遵循一定的步骤。

第一步：确定胜任素质。

不同类型的工作，素质要求是不一样的，需确定哪些素质是该类工作岗位所需要的胜任素质。确定胜任素质主要有两条基本原则：①有效性。判断一项胜任素质的唯一标准是能否显著区分出工作业绩，这就意味着，所确认的胜任素质必须要在优秀员工和一般员工之间有明显的、可以衡量的差别。②客观性。判断一项胜任素质能否区分工作业绩，必须以客观数据为依据。

第二步：建立个人胜任素质水平测评系统。

在确定胜任素质后，组织要建立能衡量个人胜任素质水平的测评系统，这个测评系统也要经过客观数据的检验，并且要能区分工作业绩。

第三步：设计相应的人力资源管理办法。

在准确测量的基础上，设计出胜任素质测评结果在各种人力资源管理工作中的具体应用办法。

总而言之，麦克利兰的冰山模型为人力资源管理的实践提供了一个全新的视角和一种更为有利的工具，它不仅能够满足现代人力资源管理的要求，构建了某种岗位的胜任素质模型，对于担任某项工作所应具备的胜任特征进行了明确的说明，而且成为进行人员素质测评的重要依据，为人力资源管理的发展提供了科学的前提。

推荐阅读

1. 埃米尼亚·伊贝拉. 能力陷阱 ［M］. 王臻，译. 北京：北京联合出版公司，2019.

2. 古典 . 你的生命有什么可能 ［M］. 长沙：湖南文艺出版社，2014.

3. 乔治·安德斯 . 能力迁移：比学习能力更重要的是可迁移能力 ［M］. 武月，葛颂，译 . 北京：中信出版社，2019.

4. 夸克商学院 . 能力拼图：世界 500 强的职场正规则 ［M］. 北京：化学工业出版社，2011.

5. 马华兴 . 思维破局 ［M］. 北京：北京联合出版公司，2018.

第五章

分析你的价值观

价值观是一种人生重要程度的排序，
指导人们做出合理的选择。

课程目标

态度： 分析和审视自己的价值观，正确认识自己的职业价值观及其影响。

知识： 理解价值观和职业价值观的内涵，了解价值观与职业生涯规划的关系。

技能： 学会利用价值观进行自我梳理和反思，通过职业价值观促进生涯行动。

课程导览

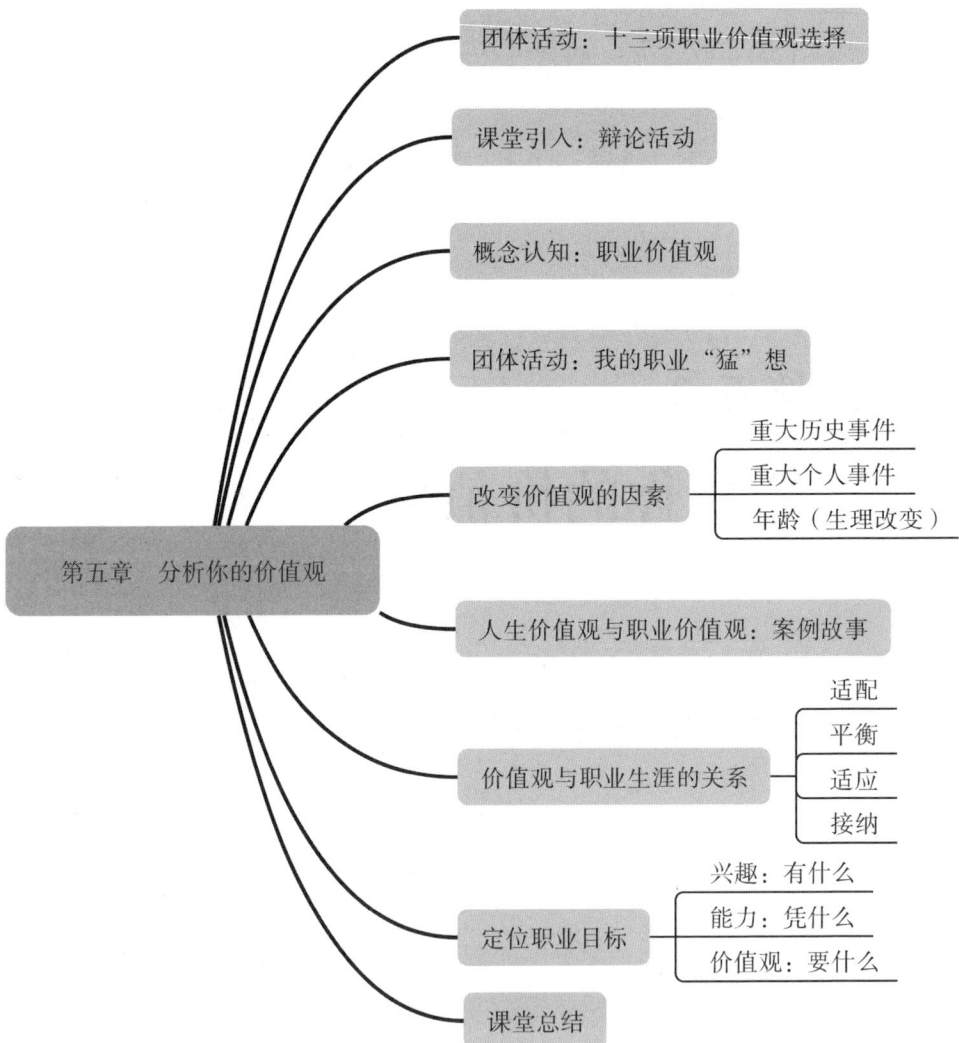

课程知识

◎ 价值观 vs 职业价值观

价值观是人们在做选择和判断时所最为看重的原则、标准和品质，是一种人生重要程度的排序。价值观因人而异、相对稳定，在特定环境下（重大历史/个人事件、生理年龄和阅历）也会改变。树立清晰、明确的价值观，有助于个人做好人生重大决策，找到令自己满意的职业，也更容易成就卓越。

职业价值观是指个人追求的与工作有关的目标，亦即个人的内在需求及在从事活动时所追求的工作特质或属性。职业价值观是价值观在职业问题上的反映。简单来说，职业价值观是一个人最期待从职业（工作）中获得的东西。

讲解重点
通过案例解说，深化学生对价值观和职业价值观的理解与辨析。

教师引导

1. 基本概念

价值观是个体关于什么是"有价值的""值得做的"一系列信念，这些信念揭示了个人看待生活、工作、回报等问题的不同态度。价值观是人们在做选择和判断时所最为看重的原则、标准和品质。

每种职业都有自己的特征，不同的人对职业意义的认识、对职业好坏有不一样的主观评价和取向，这就是职业价值观。职业价值观是指人生目标和人生态度在职业选择方面的具体表现，是人们渴望通过职业来实现的人生价值。职业价值观在人们的职业生涯发展中起到了方向性的作用。

2. 价值观的特征

价值观是因人而异的。由于每个人的先天条件和后天环境不同，人生经历也不尽相同，每个人的价值观的形成会受到不同的影响，因此，每个人都有自己的价值排序和价值观体系。

价值观是相对稳定的。价值观是人们思想认识的深层基础，它形成了人们的世界观和人生观。它是随着人们认知能力的发展，在环境、教育的影响下，逐步培养而成的。价值观一旦形成，便相对稳定，具有持久性。

价值观在特定的环境下又是可以改变的，这点下文将具体讲述。因此，价值观需要不断地审视和澄清。

3. 价值观的影响因素

价值观在特定的环境下是可以改变的。心理学家施瓦茨发现有三种东西影响着价值观的改变：重大历史事件、重大个人事件和年龄（生理改变）。由于环境的改变、经验的积累、知识的增长，人们的价值观有可能发生变化。个体由于所处的生涯发展阶段、社会环境的不同，个人的需求会发生改变，从而可能导致价值观的变化。当今多元社会中多种价值观的冲击也会导致原有价值观体系的混乱乃至改变。

（1）重大历史事件。汶川地震后，当地很多本来想报考一线城市大学的学生最后还是填写了四川的学校。因为他们不愿意再经历发生意外时不在家人身边的悲剧了，地震让他们更重视"安全感""家庭责任"方面的价值观。同理，研究发现喜欢户外极限运动的人更多来自高福利待遇的北欧国家，因为稳定的社会环境会激发人们追求新鲜刺激、冒险开放的行为；反过来，动荡的年代则会造就人们追求稳定的价值观。

（2）重大个人事件。人生的成就事件和里程碑事件也可能会影响和改变一个人的价值观。比如辛苦耕耘的企业上市了、辛勤研究的科研成果获得了诺贝尔奖、大学某次比赛获奖、一场成功的演出等，这些重大的个人事件有可能会促使一个人价值观的改变。

（3）年龄（生理改变）。研究发现，随着年龄的增长，人的价值观念会逐渐趋于稳定、保守、安全等。比如大多数年轻人刚进入职场时，最重视的工作价值是发展前景和成长速度；而到了"上有老下有小"的中年时期，可能熟悉的工作环境和稳定的收入来源变成最重视的职业价值观。

◎ 价值观与职业生涯的关系

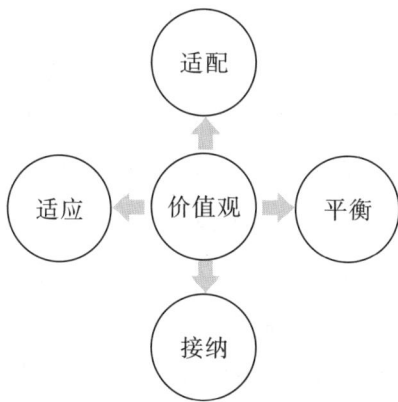

图 5-1 价值观与职业生涯的关系

所谓"人各有志",价值观和个人职业选择与发展规划有着密不可分的关系。价值观反映的是我们对物质和精神的满足方式,它决定了个人的职业期望,影响着个人的职业方向和职业目标的选择,最终影响到职业生涯发展和生涯满意度。价值观和职业生涯之间关系的四个关键词是适配、平衡、适应、接纳。

讲解重点

(1)适配:选择满足自己价值观的工作是维持个人职业稳定性的关键。

(2)平衡:工作不是生活的全部,没有一份工作能够满足我们所有的价值观需求。

(3)适应:不仅要考虑个人的价值观,还要同时考虑组织对我们的要求和期待。

(4)接纳:理解和接纳他人与自己不同的价值观。

教师引导

(1)适配:如果将价值观比作自己的双脚,符合价值观的工作就像是一双合脚的鞋子。在职业世界里我们会面临很多的选择,价值观可以指导人们做出合理的选择。当我们非常清楚地知道我们最想要的是什么，我们做这件事或这份工作是为了什么的时候，这一份"清晰"能够帮助我们"笃定"地做出适配的选择。因此，价值观既是人们追求成功的动力，也是人们克服困难时的意义。

（2）平衡：在不同的生涯发展阶段，我们要对价值观进行排序，当下这个阶段最重要的价值需求是什么？从来没有完美的选择，选择就意味着取舍。工作不是生活的全部，在职业中无法满足的价值观，我们可以在别的角色中去实现。所以重要的不是在工作中得到了什么，而是我们在经营着一种什么样的生活。即在不同的生活角色之间，如何去获得平衡。

（3）适应：价值观的满足，需要能力的支撑。我们要评估自己现阶段的价值观是否符合实际，是否可以通过自身努力达到，不然就只是心比天高的幻想。不仅要考虑个人的价值观，还要同时考虑组织对我们的要求和期待。满足个人价值观的同时，要学会与外部环境价值观和平共处，组织满意度和个人满意度同样重要。

（4）接纳：很多价值观的形成，是潜意识的情结，是非理性的。所以重要的是理解和接纳，而不是对抗和改变。每个人的价值观和判断的标准，都是与他的成长环境和早年的经验分不开的。就像我们不愿意被别人改变一样，别人也不愿意被我们改变，尊重是接纳的前提。

◎ "三点一线" 定位职业目标

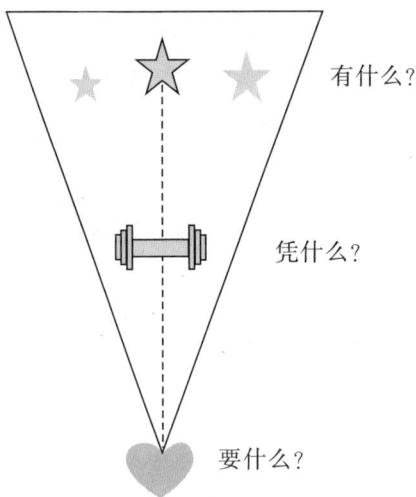

图 5 - 2   "三点一线"职业目标定位法

讲解重点

"三点一线"职业目标定位法需要想清楚自己"有什么""凭什么""要什么"三个问题，以便"三点一线"精准定位目标，找到职业方向。

教师引导

兴趣是"我想做的事情"，能力是"我能做的事情"，价值观是"我觉得最值得做的事情"。你感兴趣的、想要的选择可能有很多，但是在你能力范围内的是什么？最符合你价值观的又是什么？三者结合起来，像是一个定位职业目标的漏斗，从"有什么"（兴趣和选择）到"凭什么"（能力和资源），再到"要什么"（价值观和需求），我们需要综合考量个人的兴趣、能力和价值观，将"有什么—凭什么—要什么"三点连作一线，逐步精准定位职业目标。

案例运用

她不是瑞秋

美剧《老友记》中有这么一段剧情：当古生物学家罗斯刚交了女友茱莉以后，他暗恋多年的瑞秋后知后觉也爱上他。罗斯陷入两难境地，在茱莉和瑞秋之间犹豫不决。损友团建议他用决策平衡单列举出瑞秋和茱莉的优缺点，这样从中选优，以做出最为理智的抉择。罗斯列举了瑞秋的众多缺点：娇生惯养、行为像个傻大姐、太注重外表，甚至脚踝有点粗等；而对茱莉的评价，罗斯看到她身上的全是闪光点：学历高，是古生物学家，有共同语言。当好友们认为他会顺理成章地选择茱莉时，罗斯却说出他觉得茱莉的唯一缺点是：她不是瑞秋（She's not Rachel）。

讲解重点

旁人都说"好""完美"的选择，自己并不一定适用，选择背后体现的就是个人价值观。

教师引导

她不是瑞秋（She's not Rachel）就表明了罗斯的决定，哪怕她有再多的缺点，在世俗的评判标准里瑞秋貌似并不是最优的女友人选。但是每个人的价值观是不一样的，你也拥有自己独特的价值观。

教学建议：作为课程导入的案例，提起学生的注意力和兴趣，引入本堂课对价值观的探索。

教学案例

杂交水稻之父袁隆平：人就像种子，要做一粒好种子

袁隆平院士是我国研究与发展杂交水稻的开创者，也是世界上第一位成功利用水稻杂种优势的科学家。"电脑里长不出水稻，书本里也长不出水稻，要种出好水稻必须得下田。"从1964年开始，他带着学生，在稻田里从寻找天然雄性不育株入手，用"三系法"研究杂交水稻。他举着放大镜，一垄垄、一行行，终于在第十四天发现了第一株雄性不育株。此后，他带领助手用上千个水稻品种进行了3 000多次试验，直到1970年才打开了杂交水稻研究突破口。1973年，中国籼型杂交水稻"三系"配套成功。2019年，袁隆平获得"共和国勋章"。捧着沉甸甸的勋章，他说不能躺在功劳簿上睡大觉，在颁奖会后第二天便匆匆赶回湖南。回去第一件事，还是下田去看他的水稻。他一生潜心研究，默默耕耘，将搞科研、为人类做贡献作为他的奋斗目标，将根深深扎进田野，倾其心血，只为稻谷飘香。现在，杂交水稻已经在亚洲、非洲、美洲的数十个国家和地区推广种植，年种植面积达800万公顷。金黄的稻谷，让无数人享受到了吃饱的幸福，看到了生活的希望。

"人就像种子，要做一粒好种子"，这是袁隆平院士生前常说的一句话。他也用一生，为这句话写下了注脚。

讲解重点
通过案例让学生体会价值观的传递和力量，反思自己的人生价值观。

教师引导

袁隆平院士怀着"禾下乘凉梦"，研究水稻半世纪，为解决粮食问题做出卓越贡献；耄耋之年仍躬耕田间，只为"把饭碗端在自己手里"。人生在世不过几十年，我们需要思考：我想活成什么样的状态？我想创造什么样的价值？我想为

世界留下些什么？这背后的想法和观点反映了我们的人生价值观。

课堂活动

教学建议：价值观探索的课程设计以活动和体验为主，教师可选择合适的课程活动配合知识点穿插讲授，目的在于给予学生启发、引导学生思考。

✻ 团体活动一：我期待的工作是？

现在请静下心来，思考你期待的工作是什么样的？在一分钟内尽可能多地写下你头脑中所联想出来的任何短语。

活动时间：5 分钟。

教师引导

这些短语可能与你的职业价值观相关，反映的是你希望在工作中能获得的价值和满足，也是你判断一份工作的标准。

活动总结

职业价值观是指人生目标和人生态度在职业选择方面的具体表现，是人们渴望通过职业来实现的人生价值。

教学建议：与“职业价值观基本概念”知识点相结合，加深学生对人生价值观与职业价值观区别的理解。

✻ 团体活动二：高薪不喜欢的工作 vs 低薪很喜欢的工作

如果让你来辩论：高薪不喜欢和低薪很喜欢的工作，你选哪一个？正方：高薪不喜欢的工作，反方：低薪很喜欢的工作。

活动时间：15 分钟。

活动准备：《奇葩说》节目“高薪不喜欢和低薪很喜欢的工作，你选哪一个”辩论的视频片段。

教师引导

请各组同学在组内讨论，你会选择正方还是反方呢？5 分钟后请学生作为正方或者反方发言阐述自己的观点和理由（每位发言限时 1 分钟）。在正反方代表发言完毕后，教师可根据情况播放正方或反方的《奇葩说》辩论片段。

活动总结

无论你选择高薪还是喜欢，那些职业背后你很重视的东西，也许就是你的职业价值观。

教学建议：可以作为课堂的导入活动，活跃课堂气氛，引发学生积极思考。

✲ 团体活动三：我的核心职业价值观

研究发现，最为普遍的 13 项职业价值观总结如下：

利他主义：总是为他人着想，把直接为大众谋幸福和利益作为自己的追求。

审美主义：能不断地追求美的东西，得到美感的享受。

智力刺激：不断进行智力开发、动脑思考、学习和探索新事物，解决新问题。

成就动机：不断创新、不断取得成就、不断得到领导和同事的赞扬或不断实现自己想要达成的目标，获得财富。

自主独立：能够充分发挥自己的独立性和主动性，按自己的方式、想法去做，不受他人干扰。

社会地位：所从事的工作在人们的心目中有较高的社会地位，从而使自己得到他人的重视与尊敬。

权力控制：获得对他人或某事的管理权，能指挥和调遣一定范围内的人或事物。

经济报酬：获得优厚的报酬，使自己有足够的财力去获得自己想要的东西，使生活过得较为富足。

社会交往：能和各种人交往，建立比较广泛的社会联系和关系，甚至能和知名人士结识。

安全稳定：希望不管自己能力怎样，在工作中要有一个安稳的局面，不会因为奖金、加薪、调动工作或领导训斥等而经常提心吊胆、心烦意乱。

轻松舒适：希望将工作作为一种消遣、休息或享受的形式，追求比较舒适、轻松、自由、优越的工作条件和环境。

人际关系：希望一起工作的大多数同事和领导人品好，相处在一起感到愉快、自然。

追求新意：希望工作的内容经常变换，使工作和生活显得丰富多彩，不单调枯燥。

探索"我的核心职业价值观"步骤如下：

第一步：从上述的 13 项价值观中选出对于自己最重要的 8 个，如这些词语中没有，也可以自己补充。

第二步：在 8 个中删除 3 个你觉得相对没那么重要的价值观。

第三步：继续删除 1 个，留下 4 个。

第四步：再删除 1 个，留下 3 个。

第五步：最后将这 3 个价值观按照重要程度排序。未来 5 年，对你来说，最重要的 3 个职业价值观依次是_____、_____、_____。尝试给这 3 个核心职业价值观下定义，举例说明你对这个词的理解。

第六步：小组讨论和分享。

活动时间：15 分钟。

教师引导

在筛选出 3 个核心职业价值观后，给予学生时间在小组内分享和讨论这些问题：你所选择的 3 个核心职业价值观是你一直都重视的吗？如果曾经有改变，是在什么时候？上述的 13 项职业价值观，有哪些是你的家人认为重要而你却不同意的？有哪些价值观是你和他们共同拥有的？你理想的生活状态与你的职业价值观之间有什么关系？你是否怀疑或者否定过自己的职业价值观？这对你有什么样的影响？教师可视情况请学生发言表达自己的想法。

活动总结

职业价值观可能会随着我们生涯发展阶段和人生角色的变化而发生变化，所谓"适合的"职业也相应地随之改变。我们与重要他人之间也许存在价值观上的分歧，需要理性地处理这其中的矛盾，尽量达到"求同存异"。与此同时，我们需要明白哪些人生价值观是可以通过职业实现的，怎样的工作可以帮助你实现理想的生活状态，而某些价值观我们应该通过生活中的其他角色去获得满足。

✲ 团体活动四：我的职业“猛”想

三人一个小组，分成 A、B、C 三个角色，轮流说出自己“梦想”中的职业，发言句式为“我是……（职业名称），因为……（真实原因）”。A 说的时候，B 准备，C 记录……不断循环，直到教师喊停。

举个例子：

A 讲 C 记录：我是医生，因为我想要救死扶伤。

B 讲 A 记录：我是歌手，因为我想用歌声治愈心灵。

C 讲 B 记录：我是社工，因为我喜欢帮助他人。

…………

依次循环。

循环时间结束后，将记录纸还给相应的发言同学。接下来，进入“八卦”时间，小组内互相分析他人的职业及原因。最后，个人进行思考并发言：

（1）通过活动，你对自己有什么发现吗？

（2）听到别人对你的“八卦”，你有没有什么启发？

（3）职业梦想背后的原因，是兴趣、价值观，还是其他什么？

（4）对于那些真实的原因，有哪些可以通过工作实现？不行的话，你打算用什么方式和途径实现？

（5）你的工作观和人生观之间是否存在互补或冲突？这两种观念互相之间有促进作用吗？如果有，是怎样促进的？

活动时间：15 分钟。

教师引导

首先讲解游戏规则，并在正式开始前让学生模拟演示一遍，确保所有学生都明白规则。在活动过程中观察每组学生的进度，提醒一定要快速进行循环，不要拖沓整体速度。循环 5 ~ 7 分钟，完成后进入 5 分钟的“八卦”讨论环节，最后引导学生仔细思考这 5 个问题，以强化活动对挖掘和明晰自我价值观的效果。活动完成后教师可以请学生分享活动感受及个人思考。

活动总结

通过职业"猛"想和他人对你的"八卦"分析，是否对自己有新的认识和发现呢？我们可以总结概括出专属于个人的具象化职业价值观列表，加深对职业价值观的理解和体会。通过讨论与思考，深化对价值观和职业生涯之间适配、平衡、适应、接纳四个关键词的理解。

教学建议：可与"价值观和职业生涯的关系"知识点相结合，将知识点投射到个人实际中进行思考练习。为保证课堂活动效果，本活动的小组人数以3人为宜。若因班级人数难以分成三人组，四人一组亦可。

四人组例子：

A讲D记录：我是医生，因为我想要救死扶伤。

B讲A记录：我是歌手，因为我想用歌声治愈心灵。

C讲B记录：我是社工，因为我喜欢帮助他人。

D讲C记录：我是科学家，因为我喜欢探索未知。

…………

依次循环。

❋ **团体活动五：各抒己见**

兴趣、能力、价值观这三者，你认为在职业选择中最关键的是哪个？为什么？

活动时间：10分钟左右。

教师引导

课堂上给学生组内讨论问题的时间，并让学生发言表达自己的观点和意见。

活动总结

学生充分发言后，教师可做适当补充。对于这个问题没有标准答案，从不同角度有不同的理解。教师可提供自己的观点供学生参考：兴趣可以培养，能力可以提升，价值观较难改变。所以从长远来看，在职业选择中起决定性作用的是价值观。

教学建议：作为本节课的结束性活动，带领学生梳理总结兴趣、能力、价值观三者与职业选择的关系，从而更全面地认识自己，为个人职业生涯规划做准备。

课程思政

▶树立正确的职业价值观

青年大学生树立正确的价值观和崇高的职业理想，是个人生涯成功的关键，也是社会主义现代化建设的重要推动力。职业价值观是指人生目标和人生态度在职业选择方面的具体表现，是人们渴望通过职业来实现的人生价值。个人的职业价值观，决定了我们的职业选择和职业发展的路径。当代大学生的职业价值观可以分为四个方面：成就实现、名利追求、家庭维护、社会促进。有研究发现，当我们关注他人、集体、社会时，职业满足度更高。大学生要拥有自己的职业理想和价值信念，紧扣国家战略发展需求，关注经济发展新动态、新业态，投身国家重点发展的行业领域。

讲解重点

大学生树立正确的职业价值观是个人生涯发展的前提，也是实现高校毕业生更高质量、更充分就业的要求，更是国家发展、社会进步的保障。

—— **教师引导** ——

首先，切实引导学生科学定位自身发展，不盲目随大流。既要客观认识自己的兴趣、能力，也要了解国情社情，结合国家的需要，不要盲目跟风、随大流。当前，不少大学生存在"向钱看"、金钱至上的职业价值取向，选择职业往往把经济报酬、社会地位和职业声望摆在职业选择的优先位置，盲目跟风去挤所谓的热门行业、职业，把"钱多事少离家近"作为好工作的标准，而不考虑自身能力、兴趣和社会需求。特别是新冠肺炎疫情暴发后，大学生普遍存在求稳定、求安逸的职业心理，学生中甚至流传着"体制内是宇宙的尽头"的说法。近两年，公务员考试异常火爆就是这种心理的体现，2021年"国考"甚至出现了2 000∶1报录比的最热门岗位。然而，很多报名的考生自身并不适合或者擅长此类工作，只是盲目追求所谓的稳定和体面。因此，有必要切实引导大学生科学定位自身的发展，认清国家就业形势。

其次，培育学生的奉献精神，自觉将自身发展与社会发展、国家需要结合起来。没有一份工作可以满足所有的价值观，职业选择就需要面临艰难的取舍。青年是国家的未来、民族的希望，作为新时代的大学生，不仅要考虑个人的价值，更要考虑组织对我们的要求和期待，大学生首先是社会的一员、是国家的一分子，需要以强烈的社会责任感，勇担时代赋予的使命。因此，在职业选择时不仅要考虑个人利益，还要考虑时代发展需要，当个人利益与社会利益冲突时，必要时牺牲个人利益，积极响应国家号召，到基层、到边远地区、到祖国最需要的地方去。中西部地区迫切需要人才，拥有广阔的发展空间，青年大学生大有可为，用奋斗的青春书写祖国建设事业的绚丽篇章。

最后，学会与外部环境价值观和平共处。人具有社会属性，当代多元化的社会，在个人生涯发展过程中，会认识形形色色的人，遇到各种各样的事，价值观呈现多样化发展。面对与自己不一致的外部价值观，需要学会尊重多样性，用开放、包容的思想去接纳，而不是一味地将自己的价值观强加于人，正所谓"己所不欲，勿施于人"。以社会主义核心价值观作为职业道德标准和日常行为准则，不做损人利己之事，不为一己私利与同事明争暗斗甚至损害集体利益，在工作生活中发扬吃苦耐劳、艰苦奋斗的精神，以自己的勤劳奉献和诚实劳动实现个人价值，为国家发展尽绵薄之力。

教学案例

校友苏勇钉一头扎进家乡建设中——从"IT 总裁"到"青年农民"

深圳大学 2009 届计算机软件工程专业毕业生苏勇钉为返乡创业积攒资本与经验，毕业后的他选择留在深圳，并成立了一家软件开发公司。6 年后，怀着满腔热血的苏勇钉告别大城市回到家乡，将互联网思维引入农业，并牵头成立了全省首家土地入股制农民专业合作社——和平县瑞丰种养专业合作社。他以自己的实际行动促进当地农业发展，助力乡村产业振兴，并帮助当地务农人民脱贫。

返乡创业——"为了让村民生活更美好"

近年来，我国先后出台了一系列支农强农惠农政策，极大地促进了农村快速发展、农业提质增效、农民增收致富。回忆起返乡的心路历程，苏勇钉表示自己一直关注农村发展："在 2014 年，我偶然在网上看到了一篇分析我国农村现状与未来发展趋势的文章，让我看到了广阔农村的巨大发展潜力，增强了为家乡注入新活力的信心。"作为从小在上陵镇丰溪村长大的留守儿童，苏勇钉对村里的一草一木都有着深厚的感情，更深深理解留守儿童与父母分隔两地的不易，他希望能通过自己返乡创业，带领更多的年轻人留乡发展，让村里少一些留守儿童，让村民们的生活更美好。

扶贫助农——"是见证者，更是参与者"

发展产业扶贫，助民脱贫致富是国家的一项重要任务，苏勇钉也将此作为创业的目标不懈努力。"在这场脱贫攻坚战中，我见证了这场具有重大意义的伟业，也发挥了自己的一份力量，帮助中洞村的贫困户脱贫。"说到家乡的变化，苏勇钉难掩激动。他表示，2021年是我国开启全面建设社会主义现代化国家新征程的一年，建设社会主义现代化国家，农业农村现代化是"基石"，"我希望自己能继续贯彻、落实好党和国家赋予的新任务，做一个爱农业、懂技术、善经营的新型职业农民，坚持和农户制定好的深度、长期、有效的联农带农机制，结合实施乡村振兴战略，继续强化'三产'融合发展，争取把合作社做好做强，助力国家扶贫工作的进一步深化"。

勇当先锋——"肯定走在最前面"

回顾过去的人生经历，苏勇钉时刻把自身和党紧密相连。从小学的少年先锋队队员到中学时期的共青团员，再到现在的党员身份，这一转变过程体现了党对于他为人民积极贡献的认可，更体现了他个人觉悟、价值观及奉献精神的进阶和提升。年少时，他为进一步认识党、热爱党、参与党的工作建设而加入党；进入社会后，他又将党全心全意为人民服务的宗旨融入自己的生活工作中，为人民做实事、谋福利。"不忘初心、砥砺前行"，苏勇钉的行动正是这一光荣使命的最佳诠释。

如今，越来越多的年轻人向往乡村生活，选择回农村发展，这让苏勇钉感到欣慰。"坚持建设家乡的初心，做好长期的工作准备。"他对有志于助农扶贫的学弟学妹们送出寄语："不要因为一时兴起而参与助农扶贫工作。决定好之后，要注意参与方式方法的多样性，比如技术上的支持、营销推广上的帮助。深入农村基层第一线的过程中，要注意多跟农民交流，想农民所想，急农民所急。"未来，期待更多的"苏勇钉们"，为乡村的建设和振兴做出新贡献。

课程总结

1. 价值观的清晰度决定职业的满意度

学会探索个人核心价值观是必要的，清晰自我价值观有助于我们做好人生的重大决策。如果一个人不清楚自己追求的到底是什么，便会不自觉地陷入跟风、攀比的不平衡心态中。清晰的价值观给予我们明确的奋斗目标和心理预期，让我们的生活和工作更有方向感，而不是囫囵给自己一个心理暗示——"我不能过得比别人差"，这样将永远无法收获满足感。职业价值观决定了我们的职业取向，并引导着我们做出各种各样的职业选择。价值观是因人而异的、相对稳定的，在特定的因素下（重要事件、年龄、经历等）又是可以改变的。无论是选择大城市还是小城市，选择体制内还是体制外，所有选择背后都是价值观的牵引。所以只有了解自己内心的真实想法，才能做好人生重大决策。

2. 拥有清晰价值观的人更容易成就卓越

作家格拉德威尔在《异类：不一样的成功启示录》一书中提出了"一万个小时定律"的概念，即"人们眼中的天才之所以卓越非凡，并非天资超人一等，而是付出了持续不断的努力。一万个小时的锤炼是任何人从平凡变成世界级大师的必要条件"。卓越的技能源于长时间的持续刻意练习。究竟是什么力量才能持久地支撑着一个人坚持在一个领域里不断精进做到极致？答案是价值观——价值观是一个人保持精进努力的内在驱动力，拥有清晰价值观的人更容易成为高手。褚时健75岁种橙子，驱动他的是其朴素的价值观——活着，干事；干事，干好。正如比尔·乔治在《真北》一书中所说的："价值观给生活注入了意义，这个意义反过来，又带给我们力量、动力和意志。"

课程作业

运用"三点一线"职业目标定位法，梳理自己的兴趣和选择（有什么）、能力和资源（凭什么）、价值观和需求（要什么），由此画出自己的职业目标定位图。

知识拓展

▶施瓦茨：人类价值观地图

心理学家施瓦茨认为，价值观可以分为个人和文化两个层面。从个体层面上看，每个人都持有多种价值观，但每个人对这些价值观重要性的排序是不同的。换句话说，对一个人很重要的价值观，对另外一个人来说或许是无关紧要的。从文化层面来看，人类社会共同面临生存和发展的基本问题。因此，有些价值观是人类社会所公认的。

此外，施瓦茨还提出，有些人类价值观是类似的，有些价值观则是相对或相反的。基于这些假设，施瓦茨在 62 个国家做了价值观的跨文化调查，总结出人类的 10 个普世价值观（Theory of Basic Human Values），并画出人类的价值观地图。这 10 个价值观分别是"独立自主、精彩刺激、享乐、成就、权力地位、安全、老实听话、保守、友善、博爱"。施瓦茨把这些价值观分成四大类，分别是：开放—保守—追求卓越—仁慈博爱。

施瓦茨最大的贡献是通过巧妙的心理学测量，发现这些价值观呈现一种圆形结构——越是相邻的价值观，行为就越接近，而越是距离远的价值观，行为就越冲突。

图 5-4　人类价值观地图（摘自古典的《超级个体》专栏）

▶**职业锚理论**

1. 基本概念

职业锚理论又称职业定位理论，该理论产生于在职业生涯规划领域具有"教父"级地位的美国麻省理工学院斯隆商学院教授、美国著名的职业指导专家埃德加·H. 施恩（Edgar. H. Schein）领导的专门研究小组，是在对该学院毕业生的职业生涯研究中演绎成的。职业锚是指当一个人不得不做出选择的时候，他无论如何都不会放弃的职业中某个至关重要的价值观，实际上就是人们选择和发展自己的职业时所围绕的中心。职业锚是个人自我观中的动机、需要、价值观、能力相互作用和逐步整合的结果。

施恩教授根据自己对麻省理工学院毕业生的研究，提出了五种类型的职业锚——自主型、创业型、管理能力型、技术职能型、安全型。随后越来越多人加入了研究行列，进行了大量的试验来研究职业锚理论，最终在 1992 年拓展为八种类型——技术/职能型（TF 型）、管理能力型（GM 型）、自主/独立型（AU型）、安全/稳定型（SE 型）、创业型（EC 型）、服务型（SV 型）、挑战型（CH型）、生活型（LS 型）。职业锚能够帮助我们把自己感悟到的态度、价值观、能力等分好类，找到适合自己的职业领域；它也能帮助我们认识自己的个人抱负类型，确认自己的职业成功标准。

技术/职能型（Technical Functional Competence）：技术/职能型的人追求在技术/职能领域的成长和技能的不断提高，以及应用这种技术/职能的机会。他们对自己的认可来自他们的专业水平，他们喜欢面对来自专业领域的挑战。他们一般不喜欢从事普通的管理工作，因为这将意味着他们放弃在技术/职能领域的成就。

管理能力型（General Managerial Competence）：管理型的人追求并致力于工作晋升，倾心于全面管理，独自负责一个部分，可以跨部门整合其他人的努力成果，他们想去承担整个部分的责任，并将公司的成功与否看成自己的工作。具体的技术/职能工作仅仅被看作是通向更高、更全面管理层的必经之路。

自主/独立型（Autonomy Independence）：自主/独立型的人希望随心所欲安排自己的工作方式、工作习惯和生活方式。追求能施展个人能力的工作环境，最大限度地摆脱组织的限制和制约。他们宁愿放弃提升或工作扩展机会，也不愿意放弃自由与独立。

安全/稳定型（Security Stability）：安全/稳定型的人追求工作中的安全与稳定感。他们可以预测将来的成功从而感到放松。他们关心财务安全，例如：退休金和退休计划。稳定感包括诚信、忠诚以及完成老板交代的工作。尽管有时他们可以达到一个高的职位，但他们并不关心具体的职位和具体的工作内容。

创业型（Entrepreneurial Creativity）：创业型的人希望使用自己能力去创建属于自己的公司或创建完全属于自己的产品（或服务），而且愿意去冒风险，并克服面临的障碍。他们想向世界证明公司是他们靠自己的努力创建的。他们可能正在别人的公司工作，但同时他们也在学习并评估将来的机会。一旦他们感觉时机到了，他们便会走出去创建自己的事业。

服务型（Service Dedication to a Cause）：服务型的人指那些一直追求他们认可的核心价值，例如：帮助他人，改善人们的安全，通过新的产品消除疾病。他们一直追寻这种机会，这意味着即使变换公司，他们也不会接受不允许他们实现这种价值的工作变换或工作提升。

挑战型（Pure Challenge）：挑战型的人喜欢解决看上去无法解决的问题，战胜强硬的对手，克服难以克服的困难障碍等。对他们而言，参加工作或职业的原因是工作允许他们去战胜各种不可能。新奇、变化和困难是他们的终极目标。如果事情非常容易，它马上变得非常令人厌烦。

生活型（Lifestyle）：生活型的人是喜欢允许他们平衡并结合个人的需要、家庭的需要和职业的需要的工作环境。他们希望将生活的各个主要方面整合为一个整体。正因为如此，他们需要一个能提供足够的弹性让他们实现这一目标的职业环境，甚至可以牺牲他们职业的一些方面（例如晋升带来跨地区调动，可能打乱你的生活），他们将成功定义得比职业成功更广泛。他们认为自己在如何生活、在哪里居住、如何处理家庭事务，以及在组织中的发展道路是与众不同的。

2. 施恩职业锚测评量表

测评介绍：施恩教授领导专门小组对斯隆商学院 44 名 MBA 毕业生进行长达12 年的职业跟踪研究，包括面谈、跟踪调查、公司调查、人才测评、问卷等多种方式，最终分析总结出了职业锚（职业定位）理论。

测评目的：找到目前期望的和适合的职业定位。注意：职业锚测评需要被测者拥有一定的工作经验，至少在工作 1~3 年之后，本测试才有相应的指导意义。

测评说明：下面一共有 40 条关于职业的描述，请根据你的真实想法，为每题打一个分数。

选"1"代表这种描述完全不符合你的想法；

选"2"代表你偶尔这么想；

选"3"代表你有时这么想；

选"4"代表你经常这么想；

选"5"代表你频繁这么想；

选"6"代表这种描述完全符合你的日常想法。

除非你非常明确，否则不需要做出极端的选择。

量表（共 40 题）如下：

表 5 - 1 施恩职业锚测评量表

1. 我希望做我擅长的工作，这样我的内行建议可以不断被采纳。
2. 当我整合并管理其他人的工作时，我非常有成就感。
3. 我希望我的工作能让我用自己的方式，按自己的计划去开展。
4. 对我而言，安定与稳定比自由和自主更重要。
5. 我一直在寻找可以让我创立自己事业（公司）的创意（点子）。
6. 我认为只有对社会做出真正贡献的职业才算是成功的职业。
7. 在工作中，我希望去解决那些有挑战性的问题，并且胜出。
8. 我宁愿离开公司，也不愿从事需要个人和家庭做出一定牺牲的工作。
9. 将我的技术和专业水平发展到一个更具有竞争力的层次是成功职业的必要条件。
10. 我希望能够管理一个大的公司（组织），我的决策将会影响许多人。
11. 如果职业允许自由地决定自己的工作内容、计划、过程时，我会非常满意。
12. 如果工作的结果使我丧失了自己在组织中的安全稳定感，我宁愿离开这个工作岗位。
13. 对我而言，创办自己的公司比在其他的公司中争取一个高的管理位置更有意义。
14. 我的职业满足来自我可以用自己的才能去为他人提供服务。
15. 我认为职业的成就感来自克服自己面临的非常有挑战性的困难。
16. 我希望我的职业能够兼顾个人、家庭和工作的需要。
17. 对我而言，在我喜欢的专业领域内做资深专家比总经理更具有吸引力。
18. 只有在我成为公司的总经理后，我才认为我的职业人生是成功的。
19. 成功的职业应该允许我有完全的自主与自由。
20. 我愿意在能给我安全感、稳定感的公司中工作。
21. 当通过自己的努力或想法完成工作时，我的工作成就感最强。
22. 对我而言，利用自己的才能使这个世界变得更适合生活或居住，比争取一个高的管理职位更重要。
23. 当我解决了看上去不可能解决的问题，或者在必输无疑的竞赛中胜出，我会非常有成就感。
24. 我认为只有很好地平衡个人、家庭、职业三者的关系，生活才能算是成功的。
25. 我宁愿离开公司，也不愿频繁接受那些不属于我专业领域的工作。
26. 对我而言，做一个全面管理者比在我喜欢的专业领域内做资深专家更有吸引力。
27. 对我而言，用我自己的方式不受约束地完成工作，比安全、稳定更加重要。
28. 只有当我的收入和工作有保障时，我才会对工作感到满意。
29. 在我的职业生涯中，如果我能成功地创造或实现完全属于自己的产品或点子，我会感到非常成功。

（续上表）

30. 我希望从事对人类和社会真正有贡献的工作。
31. 我希望工作中有很多的机会，可以不断挑战我解决问题的能力（或竞争力）。
32. 能很好地平衡个人生活与工作，比达到一个高的管理职位更重要。
33. 如果在工作中能经常用到我特别的技巧和才能，我会感到特别满意。
34. 我宁愿离开公司，也不愿意接受让我离开全面管理的工作。
35. 我宁愿离开公司，也不愿意接受约束我自由和自主控制权的工作。
36. 我希望有一份让我有安全感和稳定感的工作。
37. 我梦想着创建属于自己的事业。
38. 如果工作限制了我为他人提供帮助或服务，我宁愿离开公司。
39. 去解决那些几乎无法解决的难题，比获得一个高的管理职位更有意义。
40. 我一直在寻找一份能最小化个人和家庭之间冲突的工作。

计算方法：

（1）附加分：

找出你给分较高的描述，从中挑出与你日常想法最为吻合的 3 道题，给这 3 道题额外各加 4 分（例如：原来得分为 5，则调整后的得分为 9）。

（2）计算总分：

将每一题的分数填入表 5 - 2 中，然后按照"列"进行分数累加得到一个单列总分。

（3）计算平均分：

最后，将每列总分除以 5，得到每列的平均分，并填入表格。

表 5 - 2　施恩职业锚测评量表计分表

职业锚	TF 型	GM 型	AU 型	SE 型	EC 型	SV 型	CH 型	LS 型
	1 （ ）	2 （ ）	3 （ ）	4 （ ）	5 （ ）	6 （ ）	7 （ ）	8 （ ）
	9 （ ）	10 （ ）	11 （ ）	12 （ ）	13 （ ）	14 （ ）	15 （ ）	16 （ ）
	17 （ ）	18 （ ）	19 （ ）	20 （ ）	21 （ ）	22 （ ）	23 （ ）	24 （ ）
	25 （ ）	26 （ ）	27 （ ）	28 （ ）	29 （ ）	30 （ ）	31 （ ）	32 （ ）
	33 （ ）	34 （ ）	35 （ ）	36 （ ）	37 （ ）	38 （ ）	39 （ ）	40 （ ）
总分								
平均分								

最高平均分的职业锚类型，就代表了最符合你的职业锚。

3. 毕业生数据揭秘：95后的离职真相

在各种社交网站上，经常能看到"'95后'一言不合就辞职"的新闻，辞职理由也是五花八门：公司周围外卖吃腻了；胃不好，消化不了领导画的饼；同事太热情，招架不住……都可以成为他们离职的理由。在生活上，"95后"不愿意将就，更加注重自我感受，在职场上"95后"也被称作"秒辞一代"，但事实果真如此吗？《2021年中国大学生就业报告》（就业蓝皮书）对大学生离职现象进行了分析，一起来了解"95后"的离职真相。

就业蓝皮书数据显示，2020届大学生毕业半年内的离职率（本科：22%，高职：41%）较2016届（本科：24%，高职：43%）降低两个百分点。总体来看，无论是本科还是高职，近5年毕业生职场忠诚度都趋于平稳。

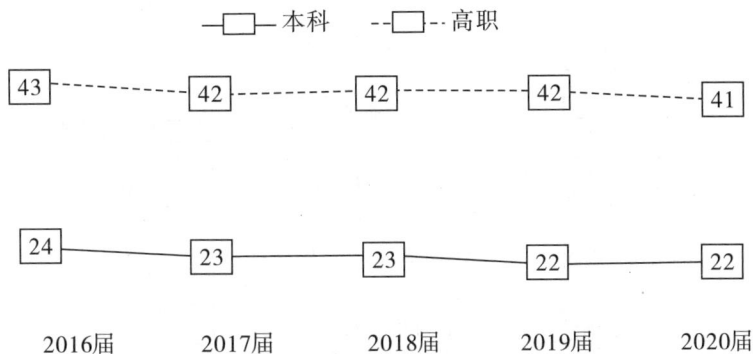

图 5-5 2016—2020届大学生毕业半年内的离职率（%）

（数据来源：麦可思——中国2016—2020届大学毕业生培养质量跟踪评价）

那他们选择离职的原因究竟是什么呢？就业蓝皮书数据显示，追求薪资福利以及发展空间依然是毕业生选择离职的主要因素，但受疫情影响，毕业生在选择离职时更为谨慎。具体来看，2020届本科生因"薪资福利偏低"而离职的比例（39%）较2019届（43%）下降4个百分点。因"个人发展空间不够"而离职的比例（38%）较2019届（47%）下降9个百分点。2020届高职毕业生因"薪资福利偏低"而离职的比例（43%）较2019届（50%）下降7个百分点，因"个人发展空间不够"而离职的比例（35%）较2019届（45%）下降10个百分点。

具体来看，2020 届大学生毕业半年内因"准备求学深造"而离职的比例（本科：16%，高职：8%），较 2016 届（本科：8%，高职：5%）分别上升 8 个和 3 个百分点。因"工作要求高，压力大"而离职的比例（本科：21%，高职：23%），较 2016 届（本科：15%，高职：18%）分别上升 6 个和 5 个百分点。另外，2020 届大学生毕业半年内因"想改变职业或行业"而离职的比例分别为（本科：26%，高职：24%），较 2016 届（本科：34%，高职：34%）分别下降 8 个和 10 个百分点。

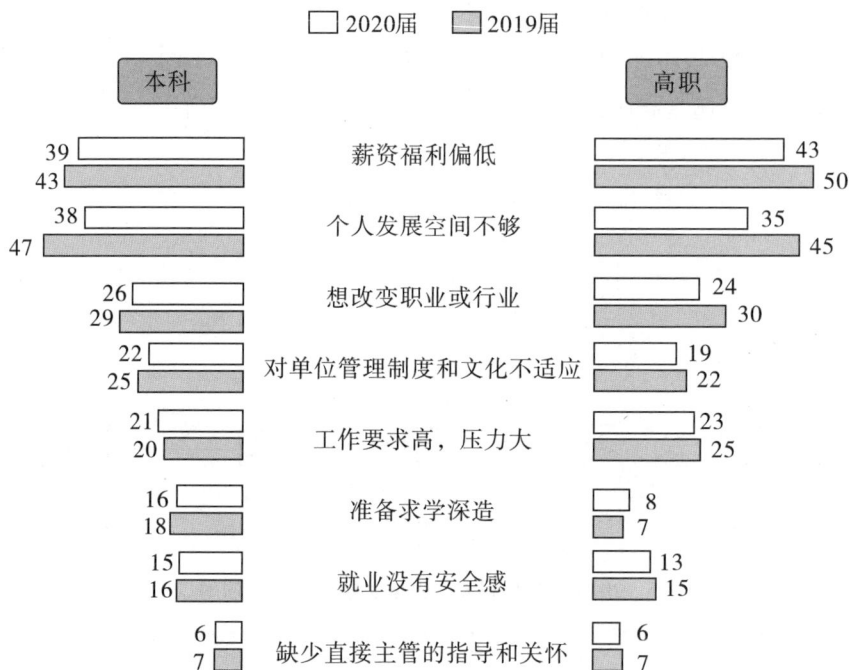

□ 2020届　■ 2019届

	本科	高职	
39 / 43	薪资福利偏低	43 / 50
38 / 47	个人发展空间不够	35 / 45
26 / 29	想改变职业或行业	24 / 30
22 / 25	对单位管理制度和文化不适应	19 / 22
21 / 20	工作要求高，压力大	23 / 25
16 / 18	准备求学深造	8 / 7
15 / 16	就业没有安全感	13 / 15
6 / 7	缺少直接主管的指导和关怀	6 / 7

图 5-6　2019、2020 届大学生毕业半年主动离职的原因（多选，%）

（数据来源：麦可思——中国 2019 届、2020 届大学毕业生培养质量跟踪评价）

推荐阅读

1. 古典. 拆掉思维里的墙：原来我还可以这样活 [M]. 北京：中国书店，2010.

2. 布赖恩·利特尔. 突破天性：哈佛大学最受欢迎的人格心理学课 [M].

黄珏苹，译．杭州：浙江人民出版社，2018.

3. 维克多·弗兰克尔．活出生命的意义［M］．吕娜，译．北京：华夏出版社，2018.

4. 泰勒·本－沙哈尔．幸福的方法：哈佛大学备受欢迎的幸福课［M］．汪冰，刘骏杰，倪子君，译．北京：中信出版社，2022.

5. 李开复．向死而生：我修的死亡学分［M］．北京：中信出版社，2015.

第六章

职业面面观

职业探索，
让你"避雷"职业"买家秀"与"卖家秀"的撒
手锏。

课程目标

态度： 树立对职业进行探索分析的积极态度，主动关注职业发展趋势

知识： 了解职业探索的内容、策略、途径、方法以及如何进行职业定位

技能： 能够运用多种方法和途径对自己感兴趣的职业进行探索和实践

课程导览

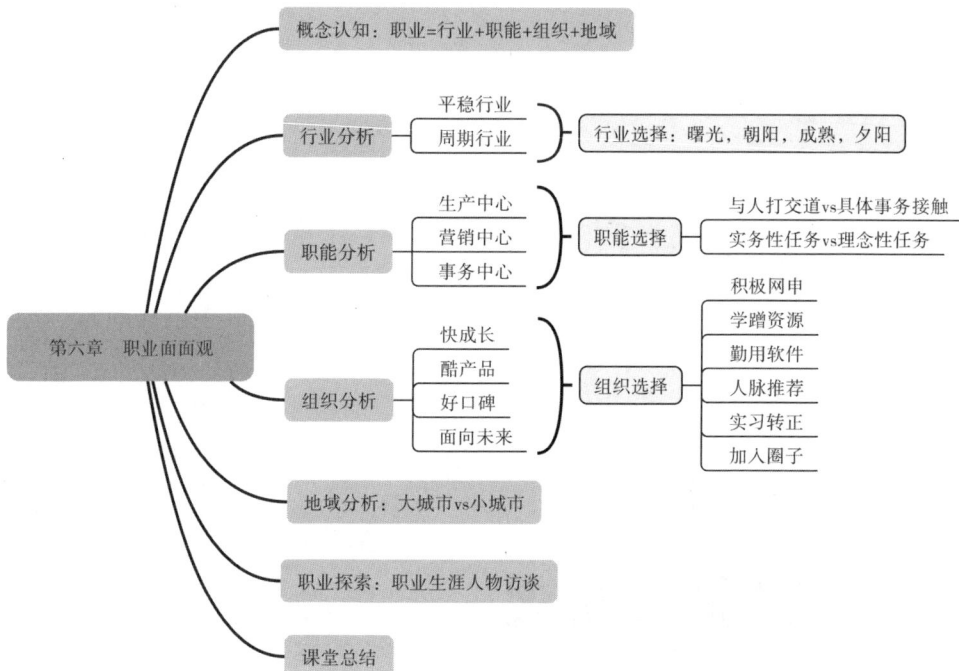

课程知识

◎ 职业定位公式： 职业 = 行业 + 职能 + 组织 + 地域

讲解重点

结合实例和数据分别解析行业、职能、组织和地域对职业定位的影响。

── **教师引导** ────────────────────

　　行业——决定了你的工作内容，需要思考：这个工作领域有前途吗？职能——决定了你的工作方式，需要思考：这种工作方式我喜欢吗？适合我吗？组织——决定了你的工作氛围，需要思考：这个组织有发展吗？企业价值观我认同吗？地域——决定了你的生活方式和职业发展机会，需要思考：这对我的生涯和生活有什么影响？

◎ 行业分析

　　教学建议：由于本章的知识点需要配合课堂提问进行讲解，为方便理解和展示，因此把相应的课堂提问按照知识点顺序编排。

> **讲解重点**
>
> 　　提供给学生行业分析的基本思路，通过举例让学生理解平稳行业和周期行业的不同特征和选择要点。

教学案例

　　小林的父母都是公务员，在当地有一定的资源和人脉，期望毕业后的小林可以去考公务员，回到自己家乡所在的县城。小林来到深圳读大学后，见证了一众新兴行业的蓬勃发展，自身也对科技/互联网行业兴趣浓厚。一边是父母为自己铺好的路，另外一边是自己内心的选择，小林感到非常纠结，不知道该如何选择。

── **教师引导** ────────────────────

　　职业选择的大前提是选择行业。行业是一个非常宽泛的定义，随着国内经济和社会的发展，行业的种类和复杂程度逐渐提升。案例中小林对两种道路的选择，本质是对平稳行业和周期行业这两大类型进行选择。

　　平稳行业：长久以来就存在的行业，不会因为经济周期性波动出现大规模的裁员、收入大幅度上升下降。如医疗、教育、交通运输、水电、粮食、军工、烟草和国家行政单位等。在我国，此类行业大多是国家特许经营，少量才会开放私人资本运营。

周期行业：与国内或国际经济波动周期性相关性较强的行业，随着时间的变化，行业会出现明显的曙光期、朝阳期、成熟期和夕阳期，如此周期性地不断迭代。如能源、钢铁、煤矿、建筑、移动支付、石油化工、互联网金融等。

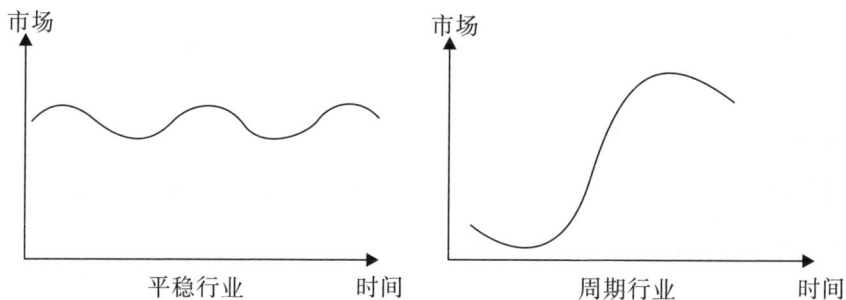

图 6-1　平稳行业与周期行业

课堂提问：以下的这些行业，分别处于周期行业的曙光期、朝阳期、成熟期、夕阳期哪个阶段？

行业：新能源、AI、煤炭、房地产、纸媒、汽车、5G、手机、建筑、互联网、信息安全、云计算、移动游戏、无人驾驶

曙光期：5G、云计算、AI、无人驾驶

朝阳期：信息安全、移动游戏、新能源

成熟期：房地产、互联网、手机、汽车、建筑

夕阳期：煤炭、纸媒

教学建议：教师可以在周期曲线上标注出这些行业所处不同阶段的位置，给予学生清晰的展示。

◎ 行业选择

讲解重点

提供给学生行业选择的基本思路，通过举例理解不同行业的优劣势，引导学生自行权衡利弊。

──**教师引导**──

无论选择平稳还是周期行业，都有其自身的优劣，没有对错。

平稳行业的特征：①行业相对稳定；②职业复利高（越老越吃香）；③失业风险相对较低；④收入相对稳定；⑤前期相对收入较低；⑥职业置换沉没成本相对高，选择少。

周期行业的特征：①行业波动较大；②职业复利低（吃阶段红利或青春饭）；③失业风险相对较高；④收入较不稳定；⑤在行业上升期相对收入较高；⑥职业置换沉没成本相对低，选择多。

◎ 后疫情时代的就业新变化

讲解重点

面对后疫情时代全球经济增长放缓，平稳行业逐渐成为越来越多大学生的首要选择，但教师也要鼓励学生对未来经济形势和就业形势保持乐观态度。切勿因为迷茫和跟风，没有衡量自身水平和规划，盲目"考研"和"考公"。

教学案例

一转眼小林大三了，他发现身边计划考研的同学越来越多。一方面，为了通过提升学历增强自己就业的竞争力，很多国企、事业单位和公务员岗位，会对学历有一定的要求；另一方面，面对竞争激烈的就业市场和疫情肆虐的形势，选择读研可以暂时逃避就业两三年。同时，他发现选择"考公"、申请选调生，或者想要去国企、事业单位的同学越来越多了，这类单位的宣讲会往往场面火爆，参与的同学非常多。但与此同时，"国考""省考"的分数线也逐年提升，公务员的竞争也日趋激烈。反而前几年大火的互联网和房地产企业，宣讲会没有之前那么火爆了。结合现实情况，你觉得为什么会出现这种趋势？

──**教师引导**──

学生需要通过自行查询资料，了解自己感兴趣的行业的类型以及所处的周期，为未来职业规划做好前期的准备。选对赛道，决定着未来几年甚至几十年自己的收入水平、发展速度甚至职业天花板。教师也要帮助学生树立以下意识：

①行业置换。在当今社会，行业置换的成本会因人年龄的增长而加大，所以对于初入职场的年轻人来说，鼓励尽早了解和尝试不同的行业，及早选对适合自己的赛道，再做长期的耕耘和发展。②行业整合。面对越来越多样化的行业和职业，可以通过整合两种类型的行业，中和周期行业和平稳行业的弊端。比如"考虫网——大学生备考一站式服务平台"是互联网（周期行业）与教育（平稳行业）结合的产物。

◎ 职能分析

讲解重点

　　了解企业职能岗位的分类及其依据，提供给学生职能分析的基本思路，引导学生课后对自己感兴趣的职能岗位进行深入的了解。

教师引导

　　一般来说，不同类型和性质的企业，根据岗位职能的特点可以大致划分为"三大中心"和"八大职能"，虽然不同企业内这些职能的名称或者工作内容有差异，但大体上的职能属性是相通的，因此我们可以由此探索企业的岗位哪些是需要专业对口的，哪些是可以跨专业就业的，哪些是符合我们的兴趣类型的，哪些是不适合自己的。

　　（1）生产中心：企业生存和竞争的核心职责，用于研发、生产和提供企业获取营收的产品及服务，其中包含着研发、产品/服务、运营等岗位。

　　（2）营销中心：企业直接创造价值的职责，通过各种方式将企业提供的产品及服务参与市场竞争，并获取直接利益，其中包含销售、市场等岗位。

　　（3）事务中心：支撑企业运转和衡量价值的职责，承担着企业生产和经营过程中除去生产中心和营销中心以外的所有事务性工作的职责，其中包含人力资源、行政、财务、法务、采购、供应链等岗位。

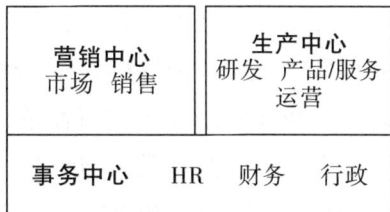

图6-2 企业岗位职能划分

需要注意的是，部分国企/事业单位因为其性质的特殊性，可能只存在部分职能部门（如有研发和事务中心，没有营销中心等情况）。三个职能中心对于企业的意义不同，这意味着其重要程度、招聘人数、薪资水平、晋升发展都会存在着差异。在绝大多数情况下，生产中心和营销中心相较于事务中心，人数都是最多的，晋升发展速度也会较快，薪资福利会更高，所以企业面向学校进行校园招聘时，需求也会更多。

教学建议：教师可以重点对一些学生容易混淆或难以理解的职能岗位进行详细解释，比如销售与市场的区别、人力资源的全面职能、运营的具体内容。

◎ 职能选择

讲解重点

熟悉职能选择的基本思路，通过案例引导学生基于自我分析和实践体验基础上选择适合自己的岗位，培养正确的择业观。

教师引导

想要分析梳理自己适合哪种职能岗位，不妨按照如下的步骤一步步锚定自己的目标岗位：

（1）通过科学测评或量表认识自我。学生可以借助霍兰德兴趣类型测评或者其他人格测评，初步了解自己人格倾向的大致方向。以霍兰德测评为例，不妨问自己以下两个问题：第一，你更喜欢和人打交道还是和具体的事物接触？更倾向于与人打交道的人其特点是比较外向，喜欢沟通和讨论，典型的岗位是销售；更喜欢跟事物接触的人其特点是相对比较内向，喜欢独自一人工作，典型的岗位是工程师。第二，你更喜欢做具体的实务性任务还是抽象的理念性任务？具体的任务就是好量化、有标准，比较规范，方便进行衡量，典型的岗位是财务；抽象的任务就是难量化、多标准、需要创意，不易进行衡量，典型的岗位是设计师。如图6-3所示，有研究把霍兰德六个兴趣类型与行业、岗位进行了对应匹配，学生可以根据自己的霍兰德代码在图中找到相对应的职能类型，并对相关职能的工作内容和要求进行进一步探索，以明确自己可能感兴趣的岗位，同时为自己增加更多的选择。

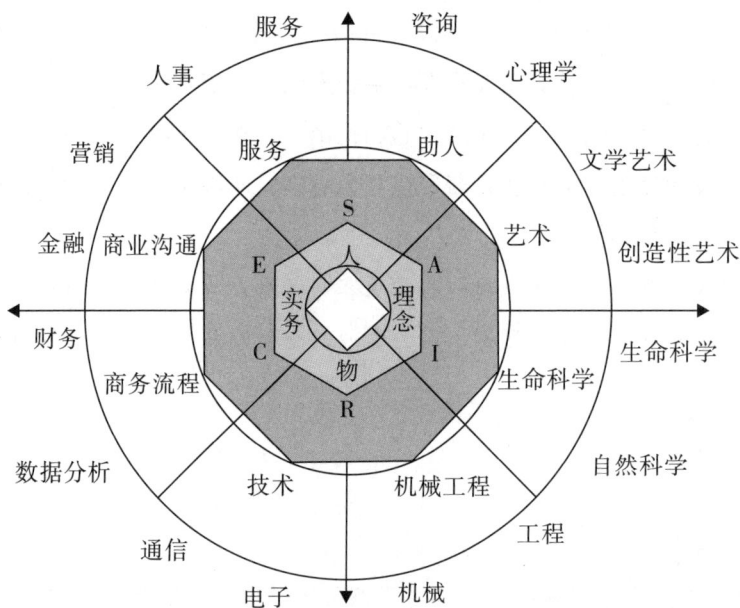

图6-3　霍兰德职业代码与职能岗位匹配

（2）排除自己不喜欢的。在众多职业中，一定有一些是自己非常排斥、不喜欢的岗位类型，或者门槛相对较高或者相对极低的岗位。通过职业选择的减法，可以让自己集中精力在更感兴趣的领域，也更容易取得成功。

（3）职业早期多尝试。当不确定某个岗位是否适合自己，建议在校期间以实习、见习的方式，或者刚毕业前几年试错成本较低，通过积极尝试不同的岗位，从亲身实践的体验进行判断。

（4）结合行业的发展。处于不同行业的同类型岗位，其实际的工作体验和未来的发展会存在较大的差异。所以选择岗位的同时，需要考虑到行业的特点和发展前景，进行综合决策。

◎ 组织分析

【讲解重点】

　　通过举例让学生掌握各组织类型判断的思路和特点，走出公司"大小"对应"好坏"的思维误区。

【教学案例】

　　又到了一年一度的秋季校园招聘月，小林和寝室其他三位同学拿到了不少企业的招聘宣传单，于是他们对各个企业进行了讨论。小林觉得 A 公司做的 App 很好用，一定是一家大公司，但是小王却觉得这家公司不到100人，算不上大公司。小勇觉得 B 公司是一家有几千人的大公司，也是一家很好的公司，三人各执一词，对于"好"公司的标准争论不休。

【教师引导】

　　对于企业的"大"与"小"，我们往往会有一些比较主观的判断。但实际上，不同行业对于企业大小与否的评判标准不同，主流的方法是通过企业从业人员数量和营收金额进行判断。我们只需要明确，在组织分析时，可以将人员规模、营收情况作为组织分析和判断的依据。但所谓的"大企业"未必是适合我们发展的"好"企业，反之，"小企业"也未必是不适合我们发展的"坏"企业。

　　对于企业的"好"与"坏"，我们也会有一些比较主观的判断。我们可以通过以下四点特征，来判断是不是一家"好"的企业：

　　（1）快成长：市场增长较快，且未来具备一定的增长潜力。

　　（2）酷产品：往往有优质的、创新的、颠覆性的产品和服务。

　　（3）好口碑：很多相关用户在使用，客户满意度较高、反馈良好。

　　（4）面向未来：与国家政策和时代趋势相契合，并非短暂的风口而昙花一现。

　　课堂提问：可以列举一些你心目中的"好"企业吗？

教师引导

为什么要选择一家"好"企业，相信大家都有自己的很多理由，总结下来，包括以下几点：①有发展：能让员工有更多发展的可能性和空间；②多样化：可以从事或学习到多元化的工作；③人才集中：团队中高素质、能力强的人员多；④回报好：拥有较好的福利待遇和较为稳定的工作。

◎ 组织选择

讲解重点

通过举例让学生了解在校期间如何为求职做准备以及求职应聘的途径，为学生求职就业提供信息源和途径。

教学案例

小林将于明年毕业，准备毕业后直接就业。同寝室的其他三位室友准备考研或者考公，他们每天一起上课下课，室友们去图书馆学习，小林就回到寝室打游戏、看剧。暑假过后，受到疫情影响，大家都在家中上网课，小林就在居家的轻松氛围下度过了一个学期。到了临近毕业的3月，他发现身边已经有些同学找到了合适的工作，就等毕业后入职了。意识到为时已晚的小林匆匆忙忙在网上向一些公司投递了简历，却都石沉大海。他陷入深深的焦虑和困惑当中，你帮小林判断下，他哪里出了问题？

教师引导

求职是一个双向选择的过程，而且需要主动出击。校招季求职也是一场战役，战略和战术尤为重要。如今互联网时代，招聘方式逐渐多元化，大学生有必要多渠道搜集信息、求职应聘，具体来说，有如下的方式：

1. 积极"网申"：关注大公司"网申"

一般大中型企业都有自己的官方网站，可以在百度中直接搜索企业名称即可访问。官方网站除了介绍企业的产品和服务外，会有一栏是"加入我们"或"校园招聘"等，点击进去即可"网申"。除了官网外，企业也往往有招聘相关的微信公众号，可以自行搜索。

2. 学蹭资源：参加邻校的招聘活动

小美在某市一所普通本科就读，校招期间，来自己学校进行招聘的企业非常少，自己能得到的企业招聘信息也不多。于是她开始关注本市另外一所知名大学的招聘网站和公众号，发现有大量的企业来该大学招聘。于是小美就经常跑去该大学参加各类的招聘会。疫情期间，很多企业的宣讲会和招聘改为线上的方式，小美也频繁参加。秋招结束后，小美成功拿到了几个满意的录用通知。

3. 勤用软件：借助各类招聘软件

小刚是一名科技迷，不仅对各类设备很懂，对手机里各类 App 也玩得很溜。校招季，小刚除了参加线上或线下的宣讲会，他也下载了诸如"BOSS 直聘""智联招聘""实习僧""拉勾招聘"等互联网招聘软件。同时他还注册了"脉脉"账号，关注最新的职场动态。平时除了在牛客网、LeetCode 这些技术论坛上刷题，也会密切关注招聘信息。很多企业刚开始秋招，小刚就投递了简历，走在各大企业招聘的最前沿，最终如愿拿到了满意的大厂录用通知。

4. 人脉推荐：靠谱介绍

一些学生会通过各类社交软件，结识已经在公司工作的员工，让他们进行内部推荐，或者自身有一些行业和企业的人脉，比如校友、师兄师姐、辅导员老师等。由此可以了解到企业的内部招聘需求，直接进入面试环节，大大提高了应聘的成功率。

5. 实习转正：提前锁定校招录用通知

小张在大三上学期通过网申找到一家公司财务实习生的岗位。除了上课、考试，小张基本都在公司上班。大半年的实习期间，小张认真对待工作，得到了同事和领导的认可。通过实习，他也提前适应了财务岗位和职场的节奏。最后通过内部转正答辩顺利地锁定了公司为数不多的几个财务管培生的岗位，大大减轻了秋招的压力，手握录用通知，心里不慌。

6. 加入圈子：有人同行，有就业氛围

求职是需要氛围和伙伴的，特别是一些考研考公氛围浓厚、就业氛围较弱的学校和专业。孤军奋战、信息闭塞，缺乏找工作的紧张感，都会影响到准备求职学生的心态和行为。因此，不妨找到一起求职的小伙伴，加入求职圈子，互相分享信息和面试经验，进行模拟面试练习，共同努力进步。

◎ 求职规划

讲解重点

让学生了解如何在大学期间提升求职就业竞争力的策略，也促使学生树立提前为就业和择业做准备的意识。

教师引导

当今自主择业观念下，面对这几年热门的高薪行业或者知名企业，求职者的竞争异常激烈。学生需要在大学期间充实自己的经历和简历，提升自己的就业竞争力，具体有如下策略：

1. 保持高绩点

在校期间优异的学习成绩和排名，荣获奖学金特别是国家级奖学金，是很多传统行业和国企较为看重的，特别是应聘与本专业相关的岗位。

2. 社团活动

在校期间较为丰富的社团经历，可以提升各方面的能力。但在实际求职竞争中，几乎绝大多数同学都会有实习经历，因此能否担任社团核心干部且在任期内取得较大成就，是很多企业 HR 会在面试中重点了解和深挖的。

3. 学科项目和论文

在校期间是否参与具备含金量的国家级/省级/校级学科项目，或者作为第一作者、第二作者参与学科核心期刊论文的发表，或其他体现科研成果和科研能力的证明，在应聘与本专业相关的岗位时，有较大的优势。

4. 各类比赛

大学期间有大量的学科类竞赛、创业创新类竞赛、企业组织的商业竞赛等，如果能获得一些含金量较高的竞赛荣誉，自己在其中会收获较多的成长和锻炼机会，企业也对此十分关注。

5. 实习机会

拥有知名企业、大厂的实习经历，这在招聘过程中的含金量很高，成为很多企业筛选简历的重要依据。越来越多企业的实习岗位，其竞争不亚于正式岗位。上述的几点内容，同样适用于寻求实习机会。

6. 自行学习

对于从事非本专业相关岗位，需要通过自学了解该岗位的工作内容和所需掌握的知识。互联网上学习渠道众多，通过自行搜集资料和课程，制订学习计划，搭建知识框架，定期归纳总结和复盘，才能在应聘时从容不迫。

◎ 地域分析

> **讲解重点**
>
> 通过课堂活动和讨论，引导学生进行大小城市就业选择的优劣分析，让学生树立更加多元化、符合当今社会经济发展的地域选择观。

——教师引导——

年轻的时候在一个美好的地方工作和生活，那个地方的美好和灵动及其文化，会在你身上留下深深的烙印，并跟随你一生。工作城市的选择，直接决定着你的生活质量、工作节奏、收入发展，甚至更多深层次的东西。

教学案例

小林终于在毕业前拿到了两份同行业同岗位的录用通知，两个公司的地点，一个在一线大城市，一个在自己家所处的三线城市，他再次陷入了深深的纠结。一方面，他觉得大城市拥有更多的工作机会，以后好跳槽；收入更高，教育和医疗也更发达，便于后代发展；物质生活和精神生活更加丰富精彩，社交圈也会更年轻。但同时他也意识到，大城市竞争和工作压力大，生活成本高，想要在这个城市扎根不容易。另一方面，作为独生子女的他，回到家乡，可以吃到爸妈做的饭菜，在父母的支持下买房买车不会有太大压力，生活稳定舒适。但家乡收入水平较低，没有那么多吃喝玩乐的花样，没有网红店和演唱会。未来发展和生活，似乎可以一眼望到头。如果你是小林，你会如何选择？

◎ 地域链接

——教师引导——

鱼和熊掌未必不可兼得，大城市和小城市之间，可以借助一定的方式进行链接，从而最大化发挥大小城市的优势。

大城市的选择思路：如果优先大城市，除了一线城市，还可以折中选择各方面压力没那么大，但是整体发展状况比较好的"新一线城市"，用高铁和互联网与家乡和亲人链接。

小城市的选择思路：如果追求离家近和安逸的生活，可以折中选择"新一线"城市和"二线城市"，用网络平台和高铁链接一线大城市的资源。

教学案例

越来越多湖南人、广西人，会选择在广州、深圳工作，平时节假日坐高铁回家，也比较方便。同理，很多江西、安徽、湖北人，会选择在上海工作，节假日高铁返乡。近几年，随着"新一线城市"的崛起，越来越多年轻人，选择去南京、杭州、武汉、长沙、成都、西安、青岛、重庆、佛山、宁波这样的新一线城市发展。这些城市作为省会或者区域中心城市，整体交通、教育、医疗资源较为丰富，房价、物价水平以及工作压力较于一线城市低不少，也有着较多的名企入驻，提供大量的工作岗位，成为性价比之选。很多在家乡三、四线城市工作的年轻人，会通过一些副业，比如直播、电商、短视频制作、剧本杀/小说创作、互联网运营、个人猎头、私人设计商单等，获取额外的收入，同时与一线城市的企业及公司远程协作。他们利用互联网公众号和视频平台，了解一线城市的最新动态，通过社交软件结交一线城市的朋友，偶尔会有规划地去一线城市参加演唱会、音乐会、艺术展览、探店等，既体验了家乡的安稳生活，又能给生活增添不少的精彩。

◎ 职业生涯人物访谈——了解真实的职业状态

讲解重点
职业访谈的目的作用、意义价值、访谈内容和注意事项。

教师引导

职业访谈是职业信息探索与获取的基本方式之一，既是对拟定职业目标的一次探索性活动，也是明确自己未来的发展方向、制订详细行动计划的有效方法。

具体访谈内容应该包括以下内容：

（1）职业描述；

（2）职业的核心工作内容；

（3）职业的发展前景及其对社会和生活的影响、作用；

（4）薪资待遇及潜在收入空间；

（5）岗位设置及不同行业、企业间的差别；

（6）入门岗位及其职业发展道路；

（7）职业标杆人物；

（8）职业的典型一天；

（9）职业通用素质要求及入门具体能力；

（10）工作与思维方式及对个人的内在要求。

表 6-1　职业生涯人物访谈内容

职业信息	生涯人物经验
1. 工作性质、人物或内容	1. 个人教育背景
2. 工作环境地点	2. 进入该职业的决策过程
3. 所需教育、培训和经验	3. 生涯发展历程
4. 所需个人资格和技能	4. 工作心得：乐趣和困难
5. 薪酬和福利	5. 对工作的看法
6. 工作时间	6. 获得成功的机会
7. 进修和升迁机会	7. 未来规划
8. 组织文化和未来发展前景	8. 对后进入者的建议

教学建议：教师可给学生提供职业访谈提纲的范本，让学生根据自己不同的职业访谈对象和职业特性拟定个性化的访谈提纲。并让学生以个人或小组的形式进行一次职业访谈作为课程实践作业。

课堂活动

✽ **团体活动一：行业知多少？**

表 6 – 2　行业探索分析表

我父母从事的行业	
我亲友从事的行业	
我熟悉的行业	
我还知道的行业	
我可能从事的行业	

活动时间：10 分钟左右。

教师引导

课程上以小组为单位让学生与组内成员分享以上这些自己已知的行业探索信息，促进职业信息交流、实现信息共享。

活动总结

引导学生反思自己目前的职业探索还不足够，需要课后继续了解感兴趣行业的现状、问题与前景；行业的人力资源状况；行业的标杆企业；进入这个行业的条件及标杆人物等信息。

✽ **团体活动二：大城市 vs 小城市**

表 6 – 3　大城市与小城市的优缺点

缺点	小城市	大城市
职业（人才需求、人才竞争、薪酬待遇、发展机会）		
生活（生活成本、交通、医疗）		
家庭（父母亲情、子女教育）		

（续上表）

缺点	小城市	大城市
兴趣		
其他		
vs		
优点	小城市	大城市
职业（人才需求、人才竞争、薪酬待遇、发展机会）		
生活（生活成本、交通、医疗）		
家庭（父母亲情、子女教育）		
兴趣		
其他		

活动时间：15 分钟左右。

教师引导

以一个学生纠结于选择大城市还是小城市的实例作为引子，让学生在小组内进行头脑风暴，分别分析大城市和小城市在职业、生活、家庭、兴趣和其他方面的优点和缺点。并请学生代表进行发言、分享观点。

活动总结

教师对学生发言进行点评和补充，通过总结大城市和小城市的优缺点分析大城市和小城市的工作选择思路，引导学生在进行地域选择时需要多方收集信息并综合考虑。

课程思政

▶国家战略需求引导

我国大学生就业政策从 2002 年以后更多地体现了政府利用"扶持之手"更加有效地提升市场选择的效率，并在大学生就业的严峻阶段通过政策激励引导大学生到国家需要的地方实现就业，体现了市场选择机制和政府调控机制的结合。

国家构建了高校毕业生灵活就业政策、就业激励政策、以"志愿计划"为形式的基层就业政策、就业见习政策、就业财政支持等综合政策体系，以有效应对大学生就业的短期紧张和结构性矛盾。国家脱贫攻坚、各地自由贸易试验区建设和创新型省份建设步入快车道，新的历史任务需要一大批有志青年扎根西部、服务基层、建功立业。

高校生涯教育和就业指导须与国家发展战略紧密结合。国家发布的就业政策蕴藏着无尽的发展潜力和就业前景，需要在大学生职业生涯规划课程中加强引导，帮助学生将个人理想融入国家未来，在国家发展中实现理想、体现价值。职业生涯规划课程思政积极宣传"三支一扶""应征入伍""选调生"等各类基层就业政策，可以提高学生思想认识，强化基层就业的政治内涵，拓宽多种政策就业渠道，引导学生抓住政策红利发展个人的生涯目标。

讲解重点

结合 18 个系列强国目标和"西部大开发""东北振兴""京津冀一体化""粤港澳大湾区建设"等国家发展战略，引导毕业生深入基层服务和西部建设，奔赴重点地区、重大工程、重大项目、重要领域就业。

教师引导

通过课程宣传大学生就业的榜样力量，传递家国情怀、使命担当的职业价值观，激发学生服务基层的自信心、自豪感、责任感，在个人生涯规划过程中能够聚焦国家需求、服务国家发展，为社会主义现代化建设事业贡献一份力量。近年来，国家出台一系列优惠政策措施鼓励高校毕业生到基层就业创业，让高校毕业生有足够的时间与空间去找准定位，发挥所长，活出丰富多彩的人生。基层迫切需要学习能力强、有创新意识和一技之长的大学生，大学生也需要到基层锻炼和增强自身能力，发现问题并寻求解决之道。

教学案例

我到基层写未来——扎根基层充分展才能

黄世芳是北京大学 2017 年优秀毕业生。硕士毕业后，他来到广西百色市德保县城关镇党建办工作，目前主要协助开展扶贫攻坚工作。入职后，很多人问黄世芳最多的问题就是：为什么来这工作？他毕业后曾有去广州某知名企业工作的机会，但最终还是选择回到家乡广西基层工作，丰富人生经历，未来才有更多可能，更值得拼搏和期待。黄世芳坦言："在大城市，工作软件硬件设施好，收入也多，但是理性地想想，自己能施展的空间不一定大。"

谈及职业选择和个人发展空间，黄世芳表示："广西的就业渠道和职业选择这些年有很大的提升，现在对人才的需求越来越大，施展才能的专业领域也更广阔。跟我一起来广西的同学都觉得，对人才的精心培养是最重要的，个人发展有保障，才能安心扎根基层。"

选择回到家乡的基层工作，黄世芳谈到亲友的看法时说："有乡亲不理解，觉得研究生毕业之后在乡镇工作，每天处理各种琐碎的事，走村入户这么辛苦，值得吗？我从来没想过这个问题，我想得很简单，就是努力把工作做好，让自己更成熟，让这片土地更美好。"

"基层需要更多青年大学生！"黄世芳说，"青年大学生学习能力强，基层需要这样的人才来充实队伍，蓬勃的朝气和干劲是做好基层工作的有力保障。"

▶技术发展趋势引领

针对部分毕业生就业定位不准确、就业观念趋保守、就业途径太单一、就业形式固化、与时代发展脱节等问题，高校职业生涯规划课程要适当融入就业政策宣讲，指导大学生紧跟技术发展趋势，主动关注国家战略大局，投身地方社会经济建设，积极适应后疫情时代的发展形势。当前，科学技术的发展引发了新一轮的科技和产业革命，移动互联网、大数据、云计算、区块链等技术的进步不断催生新业态、新模式和新产业，创造了很多新职业和新岗位。新的就业形态在就业技能、就业方式和就业结构方面与传统就业形式相区别，这种新型的就业模式更具灵活性，在雇佣方式、劳动关系、工作方式和职业观念上具有新的特点。新就业形态为高校大学生带来更多发展空间和机遇，同时也给大学生在学习能力、专业技术、职业选择等方面提出了新的挑战。

> **讲解重点**
>
> 新就业形态的趋势下如何转变就业观念，引导学生向新经济、新产业的新型就业模式发展，勇于抓住新经济带来的发展趋势和新就业形态下的职业机遇。

──**教师引导**──

新就业形态为学生未来的发展提供了更多可能性，有利于学生把兴趣与职业相结合，发挥自身的天赋能力，实现工作与生活的平衡。新就业形态的灵活度大、时间自由，具有工作生活一体化、兴趣职业结合化、空间时间任意化的属性，与新时期大学生的职业期望相一致，给予了大学生多样化的职业选择。

教学案例

1997 年出生的虞海从大连艺术学院动画专业毕业一年多了。在他看来，就业不一定要找"稳定"的工作，"现在各种机会很多"。为了赚一些零花钱，虞海从大二开始便在别人开的网店做兼职动画设计，"活儿很好找"，虞海说，自己会用 Maya 软件（一款三维建模和动画软件），便去某宝上搜索"Maya 模型代做"，搜到之后就去对接客户具体的需求。到大三时，虞海已经自己开了网店。毕业后，他没有去"找工作"，而是在学校的产业园注册了公司，开始创业。目前，这家公司的老板和员工都是虞海自己。

与虞海同年出生的艾海音毕业于北京城市学院的珠宝鉴定与经营专业。因为自己的家人就在从事与珠宝相关的行业，从进入大学校门那天起，艾海音就做好了将来单干的打算。"学我们这个专业的最后真正能留在本行业的人并不多，"艾海音说，"如果留在大企业中，最初几年很难接触到真正的专业。如果自己创业，前期需要的资金又比较多，比如囤石头、出鉴定书等都需要先期投入资金，我们班 40 多个人，留在行业里的是少数"。

为了能顺利进入行业，艾海音跟合作伙伴一起做了很多调研，仅被称为"珠宝之都"的深圳水贝，他们就去过多次。毕业之后，艾海音小小的"微店"便开张了。在艾海音看来，自己的很多同学选择做 UP 主、博主，都是最大化地发挥自己的优势。而她之所以选择灵活就业，是因为这种工作形式能让她的个人能力得到快速提升。"职业没有什么高低贵贱之分，要看自己的能力。"艾海音说。

课程总结

1. 职业定位公式

职业 = 行业 + 职能 + 组织 + 地域，对职业进行定位根本上是对职业的四个组成纬度进行分析。对行业的分析，需要明确对平稳行业和周期行业的判断，对行业所处周期的判断以及权衡平稳行业和周期行业的利弊。对职能的分析，需要在生产中心、营销中心和事务中心定位具体的岗位类型，了解该岗位的胜任力特征以及工作内容。对组织的分析，需要对即将加入的组织进行客观的分析，并通过一系列的方式提升自身的求职竞争力。对地域的分析，决定着截然不同的工作方式和生活方式。职业目标定位，贯穿于大学生"自我认知—求职准备—就业竞争—机会选择"的整个过程，是职业生涯规划的重要一环。

2. 树立与时俱进的职业观

随着中国经济社会的发展，大学生从一开始的国家分配，到自主择业，再到如今的灵活就业，职业发展已发生了巨大的变化。当下，互联网技术和物质精神生活的蓬勃发展，越来越丰富和多元化的就业方式，为大学生的未来发展提供了更多可能性，有利于学生把兴趣与职业相结合，实现工作与生活的平衡。同时，国家的一系列重大发展项目和规划，也在引导毕业生深入基层服务和西部建设，奔赴重点地区、重大工程项目、重要领域就业。大学生应树立与时俱进的职业观，学习如何发掘更多的职业机会，实现自己的职业价值和人生理想。

课程作业

在智联招聘、前程无忧等招聘网站上搜索自己感兴趣的招聘或实习信息，找出3个符合你期望的招聘岗位（包括名称、职责和应聘条件），并进行分析写出：

1. 它（们）属于什么行业？

2. 它（们）属于什么组织（公司）？吸引你的地方是什么？

3. 你为什么对这个岗位或职能感兴趣？对比应聘条件你还差些什么？

地域选择与职业选择探索活动：

1. 在招聘网站上搜索10个你家乡城市的工作。

2. 了解你家乡城市的典型工作收入和房租成本。

3. 选出家乡就近的一线、新一线城市，假期的时候去旅行一周。

知识拓展

▶新就业形态

新就业形态的产生是在第四次工业革命的背景下，由于科学技术的发展引发了新一轮的科技和产业革命，移动互联网、大数据、云计算、区块链等技术的进步不断催生新业态、新模式和新产业。伴随互联网和新经济的发展，社会就业方式发生转型，新的就业形态在就业技能、就业方式和就业结构方面与传统就业形式相区别，这种新型的就业模式更具灵活性，在雇佣方式、劳动关系、工作方式和职业观念上具有新的特点。调查显示，每一年新就业形态的新增就业人数平均增加率在9.7%，新就业形态成为社会进步、科技创新、经济发展趋势下的一种共享经济模式的微就业形态，是未来主要的就业方式。近年来，新就业形态逐渐成为高校毕业生的职业选择，一则三十多万高校毕业生的大数据分析显示，2016—2017届大学毕业生求职方向以多种形式的就业为主，排在首位的是自由职业，占比超过百分之五十。大学生新就业形态的发展现状与未来趋势呈现出以下几方面特征：

1. 新就业方式普及化

不少大学生在校期间已经开始通过新就业形态的方式进行职业体验和工作探索，比如通过互联网兼职、微商、网店、网红直播等灵活就业的方式尝试新型就业模式。由此可见，新就业形态成为大学生提前接触社会、了解职业的一个新渠道。事实上，提前以新就业形态接触不同工作或职业的学生更有可能在毕业后把兼职式的灵活就业发展成正式的新职业状态。近年来，生活服务业与数字化结合催生了一批新就业，让大学生在新就业形态上的发展有了更多的可能性，也让大学生有机会把兴趣爱好发展成新型的就业方式，例如密室设计师、旅行摄影师、电子竞技游戏顾问、健身教练、剧本杀主持人等。一项关于新就业形态的调查数据显示，新就业形态从业者有半数为90后，19到29岁年轻人从事新就业形态的占比达到了56%。刚毕业或毕业不久的大学生面对未来的不确定性，新就业形态为他们提供了更加多样化的职业选择。

2. 发展模式的多元化

对于大学生群体而言，新就业形态集中体现在三种模式。一是通过"平台＋个人"的模式，指的是以某个平台为中介，对接给个人的工作任务。公司把工作拆分成碎片化的任务，通过一站式企业外包服务平台向求职者发布，就业者根据自身的知识、能力、经验选择适合自己的工作。以猪八戒网为例，大学生可以在这个平台上接触到小程序开发、网页设计、文案策划、动画设计、翻译服务等各行业不同岗位的职能任务。这对于大学生学以致用，提升职业技能、积累工作经验是一个良机，并为未来的就业做好准备。二是基于互联网的平台就业，这种模式的特点在于就业者直接利用互联网平台与消费者对接而创造出来的就业机会。比如从事网络主播、小红书网红、自媒体培训、代购、网络写手等，在这样的新就业形态模式下大学生容易发展出属于自己的职业机会和个人品牌。三是以创业推动自主式就业，在创业创客教育和"互联网＋"的创新推动下，创业逐渐成为大学生创新性就业的一种选择。

3. 职业趋向无边界化

新就业形态带来的职业无边界化，一方面是指就业者可以通过互联网平台进行工作对接和任务承担，不再像传统的工作形式受限于距离和场地，就业创业的边界正在被打破。比如大学生可以通过"任务中国""中国悬赏写手"等众包平台获取异地或全球性的工作任务。另一方面是指就业者不再限制于单一的职业以内，各种互联网＋平台的发展和生活服务业的数字化升级，让年轻人有更多的机会发展多重职业身份，成为一名"斜杠青年"。斜杠青年现象最初来源于美国，指代那些不满足于一种职业身份，突破不同职业边界，拥有多样化职业标签的群体。我国的斜杠青年现象也日益凸显，例如有年轻人喜欢以斜杠的方式介绍自己：投资顾问/心理咨询师/培训师。根据我国一项针对 18—25 岁的群体调查发现，有接近 83％的年轻人想成为斜杠青年，这也体现了如今年轻人追求多元化生活的需求。《新时代新青年：2019 青年群体观察》中显示，29％的年轻人具有多重职业结构，其中学生是最爱职业跨界的五类人群之一，可以预见的是新就业形态的就业灵活化会促进未来斜杠青年的进一步发展。

◎ "00 后" 的求职倾向

近些年来，网络上统一称"95 后"员工为"Z 世代"的年轻人，他们一出生就与网络信息时代无缝对接，受数字信息技术、即时通信设备、智能手机产品等影响比较大，所以又被称为"网生代""互联网世代""二次元世代"等。出生于千禧年间的"00 后"，在求职方面又有哪些有趣的特征呢？"00 后"找工作到底看重什么？如何才能发出一封让他们心动的录用通知？

1. 去"高大"情结，做感兴趣的工作

在许多人眼中，大城市＋大厂＝高薪。因此，一线城市、大公司是不少应届毕业生找工作的首选标配，但随着"00后"进入职场，情况似乎开始发生一些改变。近期，BOSS直聘研究院开展了一项有关"00后"就业选择偏好的调研（以下简称调研），本次调研结果显示，尽管一线城市和新一线城市的高校毕业生留存比例能达到65%以上，但"00后"拥有本科及以上学历并愿意到二、三线城市就业的比例，较"90后"高7%，也就是说，"00后"毕业生们不再扎堆一线城市。

事实上，"00后"除了在选择工作城市与"80、90后"们有明显不同，在挑选公司上，眼光也十分"毒辣"。首先，他们开始理性看待大厂自带的光环。特别是在对企业进行反向背调后，许多"00后"明显感到互联网高速增长的红利期已经过去。其次，再加上不时传出的裁员、"内卷"、猝死等消息，不少"00后"变得不再执着于雇主的单位规模和名气，对中小企业的接受度也有明显提升。

表6-4 "00后"选择工作城市考虑的因素排序

年龄	工作机会多，发展前景好	离家人或朋友近	生活氛围好，环境宜居
00后	46.80%	21.90%	22.70%
95后	51.40%	25.70%	16.00%
90后	48.30%	32.00%	14.30%
85后	41.20%	39.30%	14.40%

数据来源："00后"/"95后"/"85后"求职意愿问卷调查（$N=5291$）

至于收入，从本次调研结果看，"00后"在找工作时，虽然依旧十分关注收入，但相比于"90后"和"85后"，重要性却下降了约7%，且对于工资奖金绝对值的重视程度，也小于自己的"前辈"。相反，在他们眼中，假期是否充足、加班是否过度、通勤距离是否舒适十分重要。

2. 老板不能"惯着"

尽管"00后"不再将一线城市、大厂、高薪作为选择工作的必要条件，但他们对工作是否能带来成就感、个人价值、成长前景，甚至老板说话的方式更为在意。不同于父辈，"00后"不再接受"打压式管理"或"权威式沟通"，"哪怕名气大，我也未必要一味顺从你"。在"00后"眼中，平等交流、互相尊重是职场"必需品"。"00后"作为互联网原住民，几乎熟练掌握各类软件、App，不少"70后"在他们的"指点"下学会做vlog，此外他们还会就自己了解和擅长的领域对工作提出建议。如"互联网医院平台如何运营？用户界面怎么优化？什么风格的设计可以吸引住年轻用户的目光？……"以往，在传统观念下，领导职业年限长、经历丰富，因此在所有领域都优于下属，但随着"00后"进入职场，双向学习逐渐露出端倪，重新审视和理解职场关系势在必行。

3. "躺平"属实误会

此前，有关"00后"一言不合就辞职的传闻从没断过。还有数据显示，"70后"第一份工作平均超过4年才会更换，"80后"是3年半，"90后"是19个月，"95后"则仅有7个月，到了"00后"，可以直接用天来计算。

此次调研结果显示，44.9%的"00后"目前并没有明确的职业规划，给自己制定超过3年职业规划的"00后"仅有12.3%。这些似乎都在暗示，"00后"职场人不太靠谱，但实际情况真的如此吗？

仔细研究调研报告可知，"秒辞"、没有职业规划等原因，很大程度上取决于"00后"对于职业形态理解的改变。在有明确求职意向的"00后"择业者中，超过40%的人具有多样化求职意愿，对灵活就业接受程度高，且愿意尝试副业。换句话说，你身边任何一个"00后"同事，都有可能身兼多职，甚至副业收入早已超过主业。

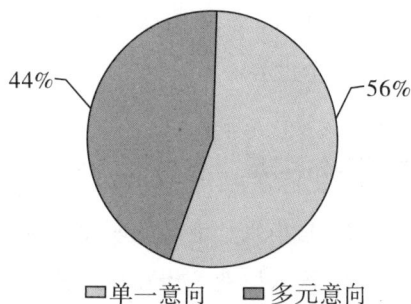

图6-4　单一和多元求职意向占比

相比于父辈们，"00后"不喜欢循规蹈矩、做重复性的工作。成为斜杠青年，挑战不同角色，体验不同人生，才是他们的追求所在。中青校媒发布数据显示，90.7%的受访职场青年有职场B计划，其中，"00后"有职场B计划的比例达到92.5%。微商/代购/带货（37.5%）和写作/自媒体（36.4%）是受访职场青年们最常见的B计划内容。因此，千万别以为他们真的已经"躺平"，或者"丧"到不行。实际上，被冠上"新生代"美名的"00后"们无疑有着"新"

的头脑，他们更愿意将自己与新兴行业进行匹配，通过"试错"的方式，挖掘自己的兴趣和天赋，进而确定人生方向，而这才是最高阶的职业规划。

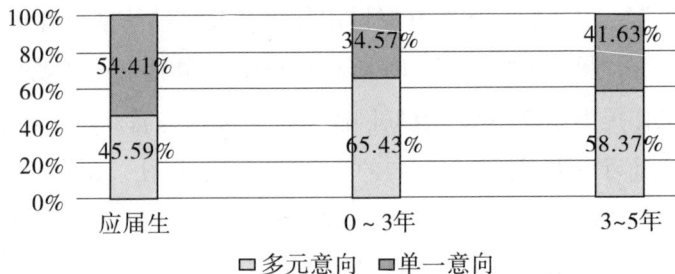

图 6–5   "00"后的职业规划现状

数据来源："00 后"就业意向问卷调查（$N = 5956$）

其实，这也是时代变化带来的挑战，不论是公司还是人，都不想被条条框框束缚、僵化。新型职场环境下，每个人其实都在主动或被动地探索全新领域，开启第二曲线。在技术高速迭代，社会分工日益细化的当下，"00 后"们展现出的个性、创新、平等正在悄悄改变职场，改变着人们的就业观，未来随着更多"00后"的涌入，职场势必会有新的局面产生，而这些不停更新的局面或许也将慢慢改变整个世界。

推荐阅读

1. 马华兴 . 老马的职业"鬼"话［M］. 长沙：湖南文艺出版社，2013.

2. 埃米尼亚·伊瓦拉 . 转行：发现一个未知的自己［M］. 张洪磊，汪珊珊，译 . 北京：机械工业出版社，2016.

3. 斯特拉·科特雷尔 . 个人发展手册［M］. 凌永华，译 . 北京：北京大学出版社，2012.

4. 吴静 . 职业通道：人生规划与事业进阶指南［M］. 北京：人民邮电出版社，2020.

5. 陈思炜 . 方向的力量：商科职业规划［M］. 上海：上海大学出版社，2014.

第七章

生涯决策与选择

决策就是根据当下的信息和个人的判断，
朝向未来去冒险。

课程目标

态度：正确看待决策对于生涯发展的影响，并能够为自己的决策承担责任

知识：学习认知信息加工理论，了解影响做决策的因素和决策的风格，体验如何做出决策

技能：学会理性决策的思维方式和科学的决策方法，并能运用到生活中

课程导览

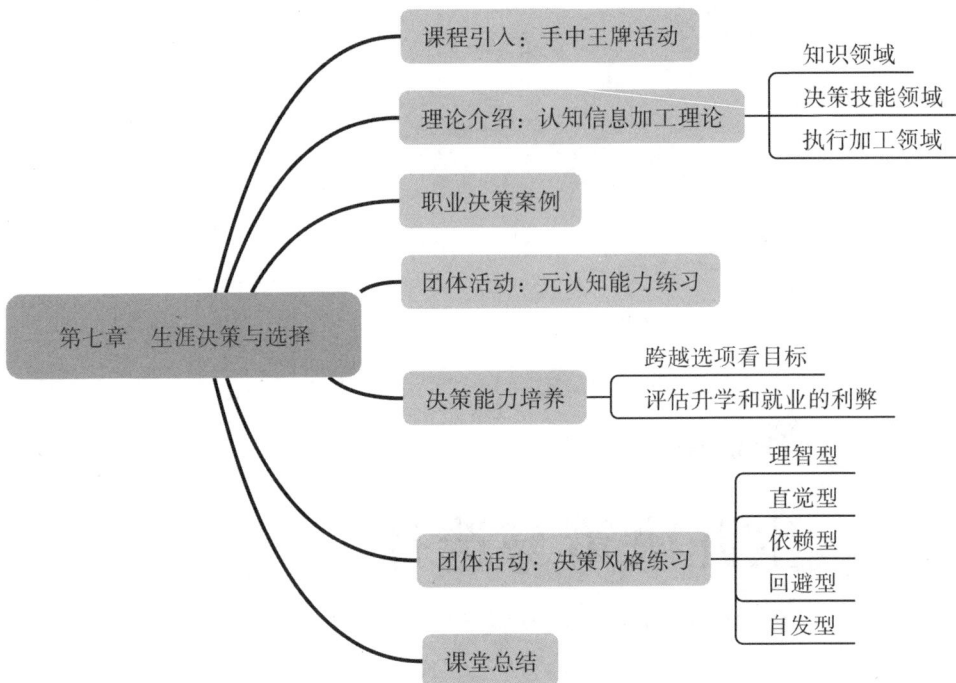

课程知识

◎ **生涯决策的概念**

讲解重点

生涯决策就是个人在多项选择之间权衡利弊，以达成最大价值的历程。

┃教师引导┣━━━━━━━━━━━━━━━━━━━━━━━━━━━━━━

思考过往和未来生涯中的那些决策，例如高考结束，我该报考哪所大学？读什么专业？大学里，我该不该转专业？应该选择哪个社团？毕业了，有几个工作录用通知，该选哪个？去哪个城市发展好？工作几年了，该不该跳槽？该不该换岗？该成家了，相亲了几个女生，选择跟谁结婚好？结婚要买房，看了好几套，各有优劣，该买哪套？随着生涯的发展，还会有更多的决策需要我们面对，每个人都要做决策，选择主动决策就是对自己的生涯发展负责。

◎ 认知信息加工理论

认知信息加工理论（Cognitive Information Processing，简称 CIP 理论）解释了一个人如何做出生涯决策以及在生涯决策过程中如何使用信息。该理论认为影响生涯决策的因素包括三个，构成了一个信息加工金字塔：第一个层次是知识领域，包括自我知识（对自己兴趣、技能、价值观等的了解）和职业知识（对于工作世界或决策选项的认识）。第二个层次是决策技能领域，即一般性的信息加工技能。第三个层次是执行加工领域，指元认知思维方式、认知观念等。

教学建议： 教师简要介绍认知信息加工理论的基本知识点后，可以结合"案例运用"中的职业决策案例与学生一起分析 CIP 理论在实际中的运用，有助于学生对该理论的进一步理解和使用。

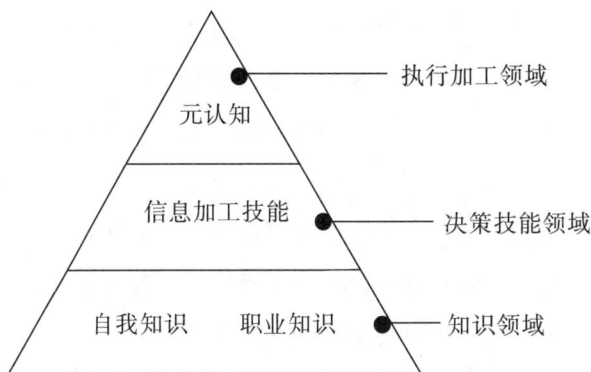

图 7 - 1 认知信息加工理论

讲解重点

想要提高决策能力、改善决策风格，需要了解做出一个正确的决策会受到哪些因素的影响，并结合实例解释元认知的概念。

教师引导

第一个是知识层面，包括知己和知彼两个部分。通过思考、分析和搜集信息，对个人兴趣、能力、价值观和性格等自我知识以及决策相关的各种职业、行业、岗位等环境知识进行了解。

第二个是方法层面，即如何运用正确的决策方法对信息进行分析。包括沟通（Communication）、分析（Analysis）、综合（Synthesis）、评估（Valuation）、执行（Execution）五个阶段，构成了决策的 CASVE 循环。

沟通（确认需求）：个人开始意识到问题的存在。

分析（将问题的各组成部分相互联系起来）：对所有的信息进行分析。

综合（形成选项）：个人形成可能的解决方法并寻求实际的解决方法。

评估（评估选项）：评估每种选项的优劣，评出先后顺序。

执行（策略的实施）：依照选择的方案做出行动。

第三个是认知层面，你看待事物问题的观点信念是否客观正确。元认知是最高级别的认知，是对自己思考过程的认识和理解。决策做出后，必须依靠元认知的力量，通过辨别消极思维、进行积极的自我对话、提高自我控制和调节水平等将自己的目标实现。元认知能力表现为一个人是否有反思的能力去改变自己的认知，可以理解为站在更高的角度去审视自己的认知。元认知强的人，会反思我为什么会有这样的想法？是否正确？从而调整和改变自己原来的认知。

当我们无法决策或想提高一个人的决策能力，就要从这三个方面入手，分析是哪个因素阻碍了决策或者是哪个因素出现问题需要改善。因此，我们在做决策的时候需要思考三个问题：①对决策的信息搜集齐全了吗？还需要知道哪些信息可以让我的决策迈进一步？②是否掌握正确的决策方法并采取有效行动？学会决策方法帮助我们正确决策的同时需要配合有效的行动，有时候无法做出决策的原因是缺乏相关的行动，决策和行动是相辅相成的。③是否存在认知上的不合理信念？对于该决策的观点和想法是否客观理性？

◎ 决策的风格

表 7 - 1   决策的风格类型

类型	特征
理智型	周全的探求和对选择的逻辑性评估，强调综合全面地搜集信息、理智地思考和冷静地分析判断
直觉型	依赖直觉和感觉，比较关注内心的感受，在信息有限时能快速做出决策，当发现错误时能迅速改变决策
依赖型	较为被动和顺从，往往不能够承担自己做决策的责任，允许他人参与决策，需要理解生活中重要他人对自己的影响程度
回避型	试图回避做出决策，不能够承担做决策的责任，不考虑未来的方向，不去做准备，不知道自己的目标，不思考也不寻求帮助
自发型	渴望即刻、尽快完成决策，不能够容忍决策的不确定性以及由此带来的焦虑情绪，在缺乏深思熟虑的情况下做出决策

讲解重点

通过适当举例解析不同决策风格的表现、优点、缺点和注意事项。

教师引导

每个人都有自己的决策风格，每种风格都存在优点和缺点，并不存在优劣之分，重要的是我们需要清楚自己决策风格的劣势是什么，在日常决策中注意避免此劣势产生的消极影响。

教学建议：可以结合"课程活动"中"摘桃子"的互动练习让学生具体感受不同决策风格类型的特点，教师不妨以反思自身决策风格以及如何改善为例引导学生规避某种决策风格的弊端。

◎ 决策能力培养

讲解重点

树立"跨越选项看目标"的决策意识，才能真正地对选项进行判断。

教师引导

1. 以终为始的思维方式

当面临一个决策时，我们需要清晰当下有哪些选项？有哪些需求是冲突的？但是每个选项各有各好，单纯进行选项之间的比较只会越来越混乱。我们需要把眼光放长远，看看下个阶段的目标是什么？阶段目标是为终极目标服务、相对稳定的，可以作为指导当下做决策的标准。试想一下，假如未来 3~5 年你过上了想要的生活，是什么样？如果无法确定阶段目标，最后再看看终极目标，它是一个大的方向和指引，指向生涯发展的最高愿景，与人生价值紧密联系。试想一下，假如生命结束时无怨无悔，是什么样子？如果要过上这样的生活，需要达成哪些条件，需要做哪些准备？接下来 3~5 年的阶段目标是什么？当下最有利于你准备这 3~5 年阶段目标的选项是什么？

教学建议：单纯讲解思维方式较抽象，教师需要结合学生实际生活中的例子进行解读"跨越选项看目标"的决策思维运用，如"该转专业，还是留在本专业呢？""有两个工作录用通知，该选哪个呢？"，并在课堂上提供一些决策案例给学生进行实操练习。

2. 决策平衡单的使用方法

决策平衡单用以协助当事人客观理性地分析多个潜在选项，通过量化的方式评估各个选项的利弊，并确认优先顺序。具体步骤和例子如下：

表7-2　决策平衡单示例

选择项目 考虑因素	权重 1~5 倍	选择一 国贸专业研究生		选择二　记者		选择三　导游	
		加权 分数 （+）	加权 分数 （-）	加权 分数 （+）	加权 分数 （-）	加权 分数 （+）	加权 分数 （-）
个人物质方面的得失							
1. 个人收入	3	0(0)		2(+6)		4(+12)	
2. 未来发展	4	5(+20)		4(+16)		2(+8)	
3. 休闲时间	2		-1(-2)	0(0)		3(+6)	
4. 对健康的影响	1	2(+2)		2(+2)		4(+4)	
他人物质方面的得失							
1. 家庭收入	3		1(-3)	2(+6)		4(+12)	
2. 家庭地位	2	5(+10)		3(+6)			-2(-4)
个人精神方面的得失							
1. 创造性	5	4(+20)		4(+20)		4(+20)	
2. 多样性和变化性	5	4(+20)		5(+25)		5(+25)	
3. 影响和帮助他人	4	3(+12)	-1(-4)	4(+8)		5(+10)	
4. 自由独立	4			4(+16)		5(+20)	
5. 挑战性	3	5(+15)		3(+9)		4(+12)	
6. 被认可	3	4(+12)		5(+15)		5(+15)	
7. 应用所长	5	2(+10)		5(+25)		5(+25)	
8. 兴趣的满足	4	3(+12)		5(+20)		5(+20)	
他人精神方面的得失							
1. 父亲	3	5(+15)		3(+9)		3(+9)	
2. 母亲	3	5(+15)		2(+6)			-1(-3)
3. 男朋友	2	3(+6)		4(+8)		4(+8)	
4. 老师	1	5(+5)		4(+4)			-1(-1)
总分		165		201		198	

第一步：列出我们需要比较的选项。

第二步：根据自己的具体情况，罗列出需要考虑的因素。

第三步：为考虑因素赋值，即给予权重分数。最重要的因素为5，最不重要的因素为1。

第四步：设定各个选项对相应考虑因素的影响程度分数。从-5到+5，根据选项对考虑因素的影响大小而定。

第五步：加权算出总分，然后评估不同的选项。

讲解重点

结合实例说明决策平衡单的使用步骤和注意事项。

─ **教师引导** ─

提出两个问题让学生思考：①是否必须选择决策平衡单中总分最高的选项？——决策平衡单只是一个帮助我们梳理决策思路的过程，可能会给决策者带来新的思考和启发。因此完成平衡单后并非一定要选择最高分的选项，选择低分选项也是有可能的，每个人都需要为自己的决策承担责任。②什么情况下不适宜用决策平衡单？——平衡单上的决策选项要有较大概率实现的情况下进行比较才有意义，同时决策者需要对每个选项的信息比较了解才能正确地给选项打分，从而充分发挥决策平衡单的效果。

教学建议：由于决策平衡单的运用耗时较长，不建议在课堂上进行实际操作，教师讲解使用方法后可以作为作业留给学生课后练习。

案例运用

职业决策案例一

小 A 是法学专业的大二学生，喜欢自己的专业，同时对金融学、经济学也很感兴趣，想通过辅修了解一下金融行业，别人建议她可以考虑金融和法律相结合的方向。但小 A 已经到法院实习过，了解法院公务员的工作情况，她表示不是很有兴趣。小 A 虽然想从事法律相关的职业，但是对于具体从事什么方向，毕业后是先工作还是先读研感到比较困惑。

讲解重点

根据认知信息加工理论的三个因素，让学生分析小 A 的决策困难主要是由于知识层面存在障碍。

─ **教师引导** ─

小 A 对自己和职业有一定了解，但是掌握的信息还不足以让她决定具体的职业目标，所以需要重点加强她的自我认知和职业认知。在自我知识方面，通过分析职业价值观，小 A 发现律所律师的工作难以满足其价值观。在职业知识方面，还需进一步了解律师细分领域的职业方向、法律专业的留学信息以及法律硕士毕业后的工作状况等。在未来找机会去律所和公司实习，深入了解这些工作的真实情况，看是否适合自己后再做决定。

职业决策案例二

小 B 是材料学院的大一学生，对新闻传媒类工作很感兴趣，并已有过不少实践，实习经验，包括电视台记者、新媒体公众号编辑、纸媒类编辑。小 B 很想从事媒体新闻方面的工作，对自己的专业没有兴趣，也不想从事专业对口的工作。所以想转到新闻传播类专业，但是顾虑媒体类工作工资低，又担心放弃目前的专业会不好。面临当前选择的困惑，不知自己该做何选择。

讲解重点

根据认知信息加工理论的三个因素，让学生分析小 B 的决策困难主要是由于决策方法层面存在障碍。

教师引导

小 B 对自我和职业的了解比较深入，但是缺乏正确的决策方法，所以需要通过学习决策方法帮助其提高决策能力。通过"以终为始"的决策思维和决策平衡单帮助小 B 分别分析两个专业选择背后的利弊和就业方向，引导其看清自己内心真正的倾向。当小 B 发现即使是最坏的结果也能接受的时候，内心也就放下纠结，不再冲突，决定接下来好好准备转专业考试，不管结果如何都可以接受。

职业决策案例三

小 C 是一名法学专业的大三学生，对于是否要考研、考公务员、律所就业或者出国感到迷茫。小 C 表示没有明确的职业方向，没有特别的个人爱好。经过一段时间的思考，并征求了身边人的意见，倾向于备考北大的法学研究生。小 C 对北大研究生有一种盲目的崇拜，认为北大研究生毕业后找工作不成问题，而且北大的学历能很好地开拓自己的资源渠道，并且只考虑北大的研究生，如果考不上就不读研。

> **讲解重点**
>
> 根据认知信息加工理论的三个因素，让学生分析小 C 的决策困难在三个层面都存在障碍，首先需要解决的是其认知层面的不合理信念。

教师引导

通过探讨考研失败的风险让小 C 了解每个选择背后都有代价，需要明确选项的机会成本，衡量研究生学历和三年工作经验哪个价值更大。同时分享考研、出国与职业目标之间的关系以及对研究生与本科学历的看法，帮助小 C 调整认知观念，小 C 表示会去找一位北大法学硕士毕业的老师了解更多信息后再做决定。

教学建议：教师可以归纳总结自己平时积累的学生咨询案例，结合相关理论和工具进行分析并讲解决策思路，更能引起学生共鸣。

职业决策案例四

小赵是某二本学校自动化专业的大三学生，志向是当一名知名企业的高管，然后择机创业。小赵学习成绩不错，家里也有一些积蓄，远在美国的亲戚建议他出国留学，父亲也挺支持的。但是因为新冠肺炎疫情不方便出国，小赵也考虑在国内考研，多条路径的选择让他有些拿不准主意。

> **讲解重点**
>
> 大学毕业后的路径选择取决于个人的职业目标，升学（考研/出国）不是逃避就业的借口，要明确不同选择的利弊关系。

教师引导

让学生思考升学是目的还是手段？最终的目标还是更好地就业，因此需要先明确就业目标再评估是否需要升学，选择的关键在于硕士学历是否为实现职业目标的必要条件。如何知道一份工作是否需要硕士学历？第一步，需要知道有什么工作。在招聘网站的职位、行业选择中进行筛选，或直接在搜索栏搜索工作，找到工作要求描述。第二步，从工作要求来分析，这份工作是否需要读研。

如果在未确定职业目标或职业目标不需要硕士学历的情况下还是决定继续升

学，有必要评估升学与就业的利弊并为决策承担风险，比如职业起步晚、错过行业上升期、学历限制就业选择、留学专业毕业难等。需要引导学生思考的根本问题是硕士学历和工作经验哪个对职业生涯发展带来的价值更大？

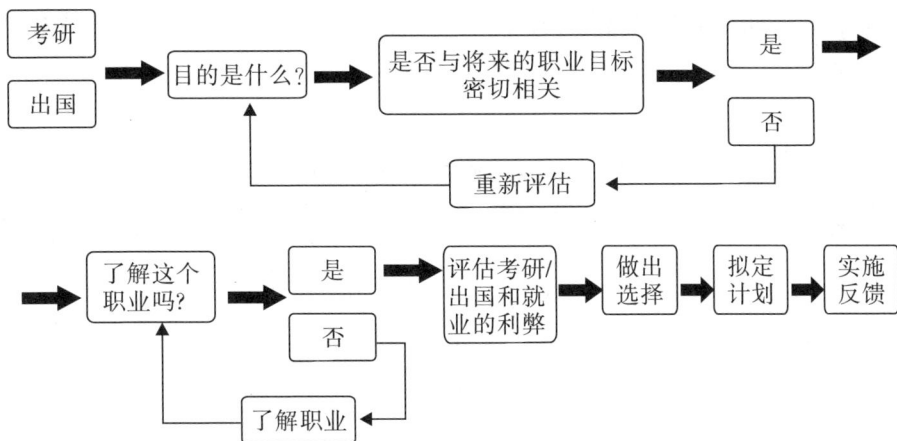

图7-2 考研与出国的决策思维过程

教学建议： 教师可以从招聘网站中摘取几个岗位要求进行对比讲解，帮助学生更直观地学习如何分析招聘信息中的学历要求。

课程活动

❊ **团体活动一：手中王牌**

·猜猜看抽到的这张牌是什么，猜的方式有以下几种：

·猜猜看这张牌的颜色（有1/2猜对的概率）

·猜猜看这张牌的花色（有1/4猜对的概率）

·猜猜看这张牌是不是牌A（有1/13猜对的概率）

·猜猜看这张牌是不是小丑牌（只用一张小丑牌，有1/53猜对的概率）

·不做任何猜测

如果你猜对了，可以得到下列的分数，要注意一次只能猜以上5种情形中的一种，各种情形的得分如下：

猜对颜色可得20分；

猜对花色可得 50 分；

猜对牌 A 可得 100 分；

猜对小丑牌可得 500 分；

如果不猜的话，可得 10 分。

请你在下面空格内先填上你的预测，然后在我抽出牌后，看你是否猜对，然后记录得分：

表 7-3　"手中王牌"活动计分与总结

预测	得分	所用策略	日常生活使用此策略的情境

活动时间：10 分钟左右。

活动准备：一副扑克牌，抽掉一张小丑牌。

──── 教师引导 ────

讲解基本规则并确认学生明白后，教师开始抽牌，每次抽牌后向全班展示。给学生一两分钟记录分数及做下次预测，可连续进行抽牌 5~6 次。最后学生统计分数，教师可邀请分数最高的一到两名学生分享游戏技巧和感受。

活动总结

虽然只是一个小游戏，但还是可以发现有一定的规律和技巧。不同的人在游戏中会采取不同的策略，比如希望策略——不管成功或失败概率多大，完全按自己的期望做决定；逃避策略——避免导致最糟结果而采取的决定；安全策略——选择成功概率最大的决定；综合策略——这个决定成功的概率高，同时也是自己所期望的决定方式。引导学生反思自己的决策形态以及是否在日常生活的决策中使用此策略。

教学建议：可以作为课程开始阶段的导入活动，活跃课堂气氛，引起学生的学习兴趣。为增加游戏体验感和趣味性，教师可在活动前把分数高的牌（牌 A、小丑牌）提前拿出放在某个区域（不能被学生发现），方便抽牌的时候能抽到这些牌。

✿ 团体活动二：元认知能力练习

·元认知的策略意识

例如在选择社团的时候，如何运用元认知能力？

·元认知的敏锐觉察

例如在社团工作中，如何运用元认知能力？

·元认知的监督控制

例如在制订和实施学习计划时，如何运用元认知能力？

活动时间：5 分钟左右。

教师引导

课堂上安排学生组内讨论这些问题的时间，并让学生发言表达自己的观点和意见。

活动总结

元认知的策略意识引导我们在选择社团的时候，思考哪些社团对自己的生涯发展能真正带来帮助，而不是跟风盲目选择。元认知的敏锐觉察引导我们在社团工作中能根据自己或他人的行为和表现增强自我和环境的认知，如学到了某些能力、证明了某些特质、领悟了某些道理，并与生涯发展、职业目标进行链接。元认知的监督控制引导我们监控自己目前的计划落实得如何，是否朝自己理想的目标前进，还有哪些地方需要调整。

✿ 团体活动三：决策风格练习

假设你要到一个桃园摘桃子，要摘一个最大的，只许前进不许后退，只能摘一个，你会怎么办？

表7-4 决策风格练习总结

决策风格	核心特征	在"摘桃子"中的对应表现
理智型	周全的探求和对选择的逻辑性评估	比较之后，形成大概的标准后做出选择
	优点：信息比较全面，决策比较客观	
	缺点：需要很多精力和时间，有可能延误时机，过于追求信息全面也是不理性的	
直觉型	以依赖直觉和感觉为特征	如果你问他为什么选这个桃子，他会说：因为我感觉这个最大！
	优点：快速，潜意识中整合了一些信息和偏好	
	缺点：信息可能太少，决策偏差大	
依赖型	以寻求他人的指导和建议为特征	会征求别人的意见："你觉得呢，是最大的吗？"
	优点：人际关系敏感，节省自己的资源	
	缺点：不敢、不愿为自己承担责任，缺乏主动性	
回避型	以试图回避做出决策为特征	因为害怕失败，为了保护自尊，他会拖延决定，先不管这个，先干别的
	优点：回避了焦虑和失败，有时候可能确实不适合马上做决定	
	缺点：逃避了责任，有时候是自欺欺人	
自发型	渴望尽快地经历决策的过程	稍微比较几个桃子后快速地选择，非常冲动
	优点：很少犹豫不决，主动承担责任	
	缺点：决策后会拒绝新的信息	

活动时间：5分钟左右。

—— **教师引导** ——

视情况给予学生小组讨论的时间，也可以直接让学生发言表达想法。

活动总结

摘桃子的过程特别像我们生活中的一些重要决策，每个人只能摘一次桃子，好比我们人生中某些决策只有一次选择的机会。有的决策看似有很多选择，但选择了一个就意味着放弃其他的选项，你摘桃子的做法一定程度上反映了你的决策风格。

❀ **团体活动四：课堂测试，根据自身情况，符合的打√，不符合的打×**

1. 你对自己的未来感到困惑，但不知如何求助。
2. 从未想过自己将来要做什么工作。
3. 不喜欢现状，但不知如何突破。
4. 不知如何在几种方案中做出选择。
5. 经常需要依赖他人帮助做决定。
6. 对自己做出的决定总是感到不安全。
7. 很容易做出决定，但是过后又经常后悔。
8. 总是再三推敲思考、错失良机，过后又懊悔不已。

结果：

如果你选择第 1、2 题，也许你缺乏生涯决策的觉察力和主动性。

如果你选择第 3、4 题，表示你缺乏生涯决策的知识和方法。

如果你选择第 5、6 题，也许你缺少承担生涯决策责任的勇气。

如果你选择第 7、8 题，表示你可能常做出错误或后悔的决策。

活动时间：5 分钟左右。

教师引导

作为课程开始前或课程结束时的小测试，让学生现场进行选择。

活动总结

你在哪个选项上打√，可能存在相应的决策障碍或决策困难，有必要进行自我反思并积极采取行动改善决策风格，提高决策能力。

课程思政

1. 职业选择的重要性

职业决策和选择在个人的职业生涯规划中占据着重要地位，毕业生作为刚踏入社会的职场新人，其决策与选择的正确与否，很大程度上关系到职业生涯的成败。"下一步你迈向哪里比你今天站在哪里更重要"这句话生动表明了职业选择的重要性，但在现实中，学生往往会轻视这一点，或者认为完备的职业生涯规划可以弥补不合适的选择造成的不利影响。古人做事讲究"天时、地利、人和"，有的事情没有做成，不是因为个人能力不足，而是将能力用错了地方，即没有找到合适的舞台施展能力；而有的事情顺利完成，可能不是因为能力超群，而是将足够的能力用在了恰当的地方，再加上外部有利条件的支持。通过分析一些学生职业决策和选择案例，不难发现，有些学生要么因能力欠缺而错过机会，要么因能力用错而痛失机会。由此可见，对自我与环境客观的认识，是做出正确决策和选择的前提，也是职业生涯成败的关键。

因此，大学生要重视职业选择和决策的过程，用科学的方法做出合理的选择。马克思在青年时代就明白："我们的使命绝不是求得一个足以炫耀的职业，因为它不是那种使我们长期从事而始终不会感到厌倦、始终不会松劲、始终不会情绪低落的职业……这些职业能够使才能适合的人幸福，但也必定使那些不经考虑、凭一时冲动就仓促从事的人毁灭。"如果我们只看到某种职业光鲜亮丽的表象，而不考虑自己是否具有从事该职业的能力和素养，或没有对想要选择的职业做全面细致的考察，一旦在工作中遇到挫折和困难时，发现自己的理想无法实现或自己的能力不足时，难免会情绪低落、怨天尤人。

2. 生涯决策的合理性

职业决策是个复杂的过程，需要综合考虑多种对个人有价值的因素，包括社会流动、人身安全、社会声望等。生涯决策除了会被个体性格、兴趣、能力、职业目标和价值观等因素所影响，也会受到家庭氛围、社会风气、政治局势及经济形势等外部因素的影响，外部环境有时候会对个人职业选择起决定性作用。正因为决策过程的复杂性，生涯理论虽看似简单，但具体决策又存在许多障碍。比如，学生在现实中很难对自己的生涯决策做一个"跳出来"的旁观者，往往沉浸在事件本身，更多的是走一步算一步的做法。特别是我国深受儒家思想的影响，家庭观念氛围浓厚，孩子的职业决策很多时候习惯性地听从父母的决定，缺少独立思考和自主决策的能力。此外，当今互联网时代，价值观念多元化，社会风气较为浮躁，部分学生和家长将物质利益、职业声望作为职业选择的唯一考量因素，盲目追求所谓的热门职业和岗位，往往缺乏对自身兴趣、能力的客观认识，在家国情怀上有所欠缺，更多地考虑个人的需求，忽视社会和国家的需要。

讲解重点

大学生在进行生涯决策和选择时应重视知己知彼、择世所需。具体来说包括两点：①结合实际，避免盲目；②知行合一，注重实践。

教师引导

一方面，职业决策和选择需要根据个性、兴趣、能力等个人情况结合社会发展、经济形势和行业趋势等外部环境做出，每个人的自身实际不一样，要树立客观的自我认知，不能盲目随大流，一味地追求所谓的稳定、轻松的热门职业，追求所谓"钱多事少离家近"的理想职业，要更多地考虑该职业是否为自己兴趣所在、自己是否能胜任及该职业带来的精神收益。此外，要随着不断变化的外部环境不断地调整自己的预期，让自己的选择符合时代潮流，紧跟政策的步伐，积极响应国家的号召，比如到西部、基层或边远地区去，在实现个人价值的同时，为乡村振兴、西部计划和强国强军注入青春的活力，促进国家和社会进步。

另一方面，职业选择具有很强的实践性特征，生涯理论有时看似简单，但实际实施中却可能遇到障碍。正所谓"纸上得来终觉浅"，大学生正处于人生中的黄金时期，鼓励学生们用理论指导实践，引导学生可以尝试多种选择，通过实践可以检验自己的认知，深化和发展对自我和环境的认识，从而调整不合理的信念，最终做出正确合理的决策和选择，助力职业生涯的成功。

教学案例

三支一扶，一个普通而重要的决定

江伦耀是来自深圳大学机电与控制工程学院交通运输工程专业的研究生，在梦开始的地方，他脚踏实地、一步一步地勇敢前行。毕业之际，他响应国家号召，参加"三支一扶"计划。

一次偶然的机会，江伦耀看到广东"三支一扶"的公告，便开始跟进相关动态信息。得知老家恰好有可以申报的岗位，出于对家乡的热爱，他决定试一试。在了解了相关政策和大致情况后，结合之前为考公务员所做的准备，江伦耀果断提交了报名表，最终以量化测评第一的优异成绩顺利入选了自己心仪的"乡村振兴"岗位。他坦言："助力乡村振兴是一件非常有意义的事情。"在他看来，能将自己所学知识回馈于家乡，能在家乡锻炼自己、与家乡共成长就是一件幸福的事。之所以选择"乡村振兴岗"，主要是因为深受我国脱贫攻坚成果的鼓舞。

"三支一扶"是指大学生在毕业后到农村基层从事支农、支教、支医和帮扶乡村振兴工作。其工作岗位大多在最基层、最艰苦的地方。对此，江伦耀认为尽管乡村条件略有艰苦，但相较艰苦而言，更重要的是磨炼自己。与其说自己加入了"三支一扶"，不如说他更加感谢"三支一扶"给了他这次机会。他说："大部分人都知道'三支一扶'工资低、工作压力大，或许会有人后悔，但我想我应该不会。"因为在江伦耀眼里，他满心敬佩那些真的想去基层为百姓服务做实事的人。目前虽然有关他要做的具体工作还未分配下来，也不知所去地区条件到底怎样，但他已明确表示，已经做好吃苦的准备；尽管当下缺乏基层工作经验，但也会努力克服相关困难，利用自身所能做好乡村振兴工作，尽心尽力地为人民服务。

江伦耀认为，在基层工作，一定要把握好自己的心态，亦如所言那般——"爱己所择，不忘初心"。他给学弟学妹们的寄语是：时间可贵，规划趁早。江伦耀谈道："时光易逝，看似漫长的三年转眼间便会悄然不见。学弟学妹们还是要好好地对自己的人生有一个详细的规划。虽说未来之事难以预测，但可在每一段时间内设立一个小目标，积少成多。"江伦耀总说自己仅是一名普通人，自己只是做了一个很普通的决定。

课程总结

1. 决策是一个循环往复的动态过程

决策无处不在，并且不是瞬间的行为。当增加新的自我知识或职业知识，决策有可能发生改变。任何的决策都是承上启下的，既基于过往的经历和认知，又影响未来发展的趋势和方向。沉溺过去和担忧未来，都是逃避现实的表现。

2. 决策不仅包括选择，也包括行动

焦虑不会凭空产生，也不会凭空消失，除非采取行动。很多时候，不是因为有了选择才能去行动，而是因为有了行动才能去选择。决策和行动是相辅相成的，不采取行动这个决策是想不通的，需要一边行动一边判断一边决策。不行动，就永远停留在纠结中；行动之后，才能更进一步确认和判断，才能有机会为新的选择做准备。你是没有选择，还是选择了却不愿意行动？

3. 对于没有决策权的决策，调整心态

有的时候困扰你的并非决策问题，而是一个情绪或适应问题。你需要的只是一种渴望倾诉或被理解的诉求，当没有决策权又不得不做的时候不妨调整心态，至少可以选择用什么心情和方式去做。

课程作业

想一想，你最近做过的决策或决定，无论是学习、交友或其他方面。这些决策的共同特性说明自己的决策风格类型是什么？有什么需要改进的？试着写出你打算采取提高决策能力的行动计划：

1. _____
2. _____
3. _____

消除决策误区：根据自身情况，符合的打√，不符合的打×。

1. 这世上只有一种职业适合我。

2. 直到我找到完美的职业，否则我是不会满意的。

3. 有人会为我发现一份适合我的工作。

4. 在我工作领域内，我必须成为专家才算成功。

5. 我的职业必须令我身边所有人都感觉满意。

6. 就业能解决我的所有问题。

7. 职业选择是一种一次性的行动。

8. 只有在绝对把握下，我才会采取行动。

9. 我的工作必须能满足我所有的需求。

10. 我要找到终生奋斗的就业目标才开始工作。

看看你的结果，哪个句子后面打了√，思考一下，哪个可能是你生涯决策的误区。

知识拓展

▷选择超载现象

过去人们普遍认为拥有越多的选择权越利于选择行为，人类对于选择权的渴望是无限的，并且拥有足够的能力管理这些选择权，能够从大量选项中受益。但是在现实生活中，人们似乎并没有从各种各样的选择中体会到满足感。面临市场中大量可供挑选的商品，消费者反而常常感到困惑，难以从中进行选择。这一现象被称为"选择超载"（Choice Overload），指个体在面临过大规模的职业选择集时，会出现满意度下降、后悔度提升的负性结果。在过多选项中进行选择会消耗大量的认知资源，甚至可能导致决策拖延。

有这样一个超市的经典实验：在两张试吃台上分别陈列了 6 种以及 24 种不同风味的果酱，242 位顾客路过 24 种果酱的试吃台，有 60% 的顾客停下品尝，但是只有 3% 的顾客购买。260 位顾客路过了 6 种果酱的试吃台，有 40% 的顾客停下来品尝，有将近 30% 的顾客购买。这一实验证明大的选择集在最初可以吸引消费者，但是会造成消费者减少购买行为。美国最庞大的商业机构之一乔氏连锁超市就很注重"选择超载"现象。直到今天，"每类商品不超过 3 种"依旧是乔氏超市的一大经营特色。可以说，避免"选择超载"，是乔氏超市成功的一大法宝。

在网络信息快速传播、招聘网站兴起的环境下，大学生获得职业信息、丰富职业选择的渠道越来越多。为大学生提供大规模的职业选择信息除了帮助他们拥有灵活的选择权之外，也可能造成选择超载的风险。从大学生自身方面来说，克服"选择超载"首先需要对自己的职业兴趣和胜任力等方面进行充分了解，确定自己想要选择的职业的范围，避免盲目寻求大量的职业信息。其次，在职业选择时注意选择适合自己的、让自己满意的职业，而不是追求绝对最优的、客观上条件最好的选择。最后，保持积极的求职心态，多与家人、同学、师长进行交流，在收获求职经验的同时还可以保持良好的情绪状态，提高职业选择的满意度。

▶元认知

元认知（Metacognition）的概念最早由弗拉维尔（Flavell）于 1976 年提出，其本质是个体对自己认知活动的调节和管理。关于元认知的要素，学术界并未形成统一的观点。综合来看，元认知由三部分组成：元认知知识、元认知体验和元认知调节。所谓元认知知识是个体关于认知主体、认知任务、目标、活动、经验等因素对认知活动影响的知识。元认知体验是指个体对认知活动有关情况的觉察和了解。元认知调节指个体在解决问题的过程中所使用的调节机制，它包括一系列的调节技能，如计划、检查、监测、检验、修改等。具体来说，包括以下三方面：

1. 自我对话（Self-talk）

自我对话是一种一闪而过的念头和想法。通俗来说，就是自己在内心对自己说的话，对个体的行为有很大的影响。自我对话既可以是积极的，也可以是消极的。积极的自我对话包括这样一些想法，如"我能找到我所需要的关于某个职业的信息"。消极的自我对话常常会和求职中的困难相联系，如"我不可能得到这份工作"。积极自我对话能产生两点好处：第一，它能产生一种积极的期待，让个体对即将开始的行动有信心，也会付出更多努力；第二，它能强化积极的行为。

2. 自我觉察（Self-awareness）

自我觉察指个体知道自己正在做什么和为什么做。好比在骑自行车的过程中，既需要觉察身体是否平衡，是否越来越疲劳，心情是急躁还是放松，注意力是否集中等自身的状况；也需要觉察骑车的环境是否安全，车胎是否有气等外部的状况；更重要的是目的地是哪里、路线是否正确等与目标相关的状况。自我觉察会促进个体成为更有效的问题解决者，帮助个体了解自己的身心状态，能够分辨积极或消极的自我对话，并通过自我监控对身心状态、自我对话进行调整。

3. 自我监控（Self-monitoring）

自我监控是指对自身和正在做的事情的进展状况进行思考和调控。个体能够监督自己完成决策过程的方式，控制自己分配给每个时期或阶段的时间，及时调整自己的方式和策略，让决策过程更有效合理地进行。

▶ APC 思考法

APC 思考法是德波诺提出的一种"可能性与选择"思考法，是指试图有意识地寻找其他备选答案的思考过程。三个字母分别代表的是可供挑选的其他方案（Alternative）、可能性（Possibility）和选择（Choice）。做一次 APC 思考，意味着在某个特定的问题上，做出自觉的努力去寻找其他的选择。在采取行动或做出决定时，看起来似乎没有什么别的选择。但是，如果我们有意识地去寻找另外的选择时，这种情形就会得到改善。运用 APC 的目的在于：把焦点直接集中到对所有选择或可能性的探究上，而不是那些最明显的东西。下面这些场合，或许就需要我们"做一次 APC"思考。

1. 寻找其他解释

不论某种解释看起来可能性有多大，我们都需要设想其他可能的解释，例如在判断别人的行动时；在试图对官方选举的巡回演说进行解释时；在对市场行为进行调查时。因为在这种情况下，人们往往容易被自圆其说的道理束缚。

2. 寻找其他的假设

一种解释指的是一个单独的事件或情况，而假设则是指某种过程或者动向。不论我们认为其中哪一个假设是最好的、最真的，仍需要去发现可供选择的其他假设。举个例子，虽然男性吸烟者的人数似乎在减少，但同时女性吸烟者的人数似乎却在增加，就这一问题做一次 APC 思考，对可能的原因提出一些可供选择的假设。

3. 理解问题的其他角度

德波诺在新西兰与一组高级实业家谈论有关机会开发的问题时，许多人就抱怨说新西兰有很多限制和规章制度，想要去寻求机会很困难。但其中有一个人却以另一种方式看待这个问题，他对这些规章制度表示欢迎，并认为，如果学会了怎样去应付这些规章制度，就能多么有效地阻碍其他竞争对手和那些对此无力应付的新手，所以他觉得这些制度给他增加了机会。

4. 发现新的问题

所谓问题，就是我们不得不去解决的事情。而发现问题则意味着，需要我们再次检查那些目前还不称其为问题、进展情况也无须引起注意的事情。然而，我们仍要检查一下，看看某个过程是否可以简化或者使其更富有成效。这方面的复查常常包括了解这个实施过程是否还有其他的方式（以及这一步究竟有没有必要）。

5. 寻找其他的设计

在设计过程中，我们着眼于创造一种准备符合某种要求的新东西。在对设计进行 APC 思考时，重要的问题是，要意识到什么时候你所选择的其他设计，仍未脱离原来的模式，而什么时候你正在运用一种全新的方法来设计。因为人们在设计方法方面所提出的其他选择，往往是在同一个基本模式内大同小异的。

6. 寻找其他的决策

一次失败或者面对多种选择常常会给决策带来困难，决策过程本身并不会为你带来更多的选择。这就需要我们把注意点转移到如何产生更多的选择上，而不是在多种选择中取舍。比如，当一个竞争对手对你公司正在出售的卫生纸做削价处理时，现在要求你决定是否也应当降低价格与其相竞争，你就可以就决策方面的其他选择做一次 APC 思考。

推荐阅读

1. 罗伯特·C. 里尔登，等．职业生涯发展与规划：第 4 版［M］．侯志瑾，译．北京：中国人民大学出版社，2016.

2. 周岭．认知觉醒——开启自我改变的原动力［M］．北京：人民邮电出版社，2020.

3. 马华兴，王鹏．做出好选择［M］．北京：中国友谊出版公司，2021.

4. 大卫·R. 亨德森，查尔斯·L. 胡珀．决策的智慧［M］．侯君，等译．北京：机械工业出版社，2015.

5. 约翰·S. 哈蒙德，拉尔夫·L. 基尼，霍华德·雷法．决策的艺术［M］．王正林，译．北京：机械工业出版社，2016.

第八章

拥抱变化　创造机缘

幸运是一种心态，
一种思维方法，
一种行为举止。

课程目标

态度：体验生涯的无常和变化，拥抱生涯发展的不确定性和保持生涯探索的主动性

知识：学习认知偶发事件和机缘的影响因素，增强对生涯不确定性的认知

技能：学会创造机缘、规划并尝试新的生涯行动，把所学知识运用于实际

课程导览

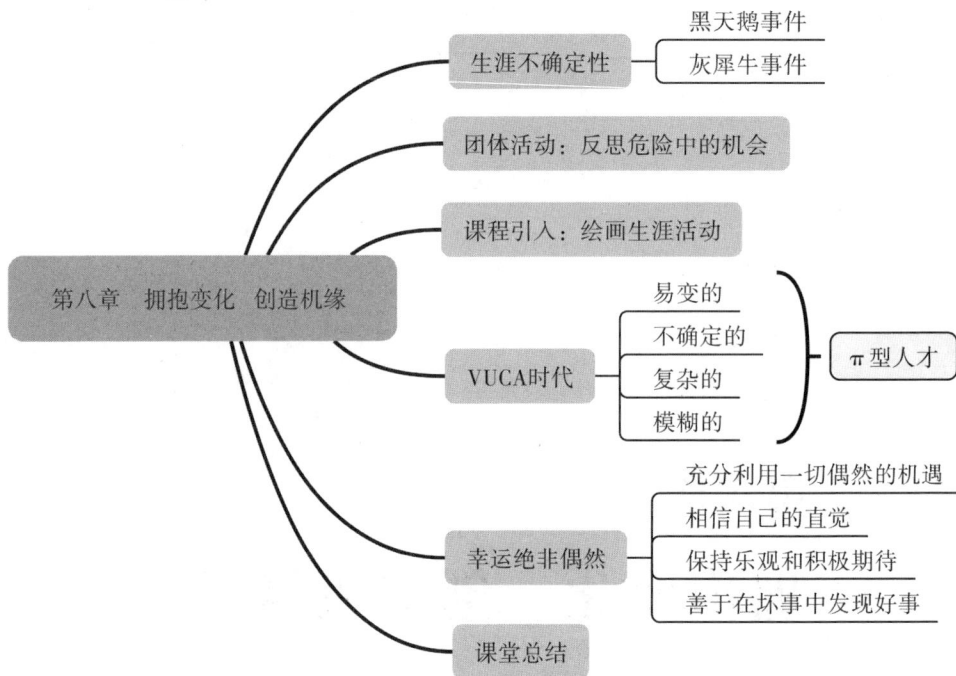

课程知识

教学建议：由于本章的每个知识点需要结合多个例子进行讲解，为方便理解和展示，因此把相关案例按照知识点顺序编排。

黑天鹅事件

17 世纪以前欧洲人认为天鹅都是白色的，直到在澳大利亚发现了一只黑色天鹅。"天鹅都是白色的"这个固有观念被彻底颠覆了，一个原本被认为不可动摇的观念崩塌了，不可能发生的事情发生了。因此，人们用"黑天鹅事件"比喻那些不可预测的重大稀有事件，它在意料之外却又改变一切。生活中的"黑天

鹅事件"无处不在，正确认识"黑天鹅事件"，才能更深刻地认知世界的复杂性，并从不可预知的未来中获益。"黑天鹅事件"的特征包括：意外性、重大影响、不可预测。

> **讲解重点**
> 通过举例讲解"黑天鹅事件"的含义、特点、应对策略以及与职业生涯的关系。

案例分析

历史上的泰坦尼克号沉没、"9·11"事件、东南亚海啸等都属于"黑天鹅事件"。正如华为基地中养殖的黑天鹅，为了提醒员工虽然何时何处遭遇"黑天鹅事件"是难以预测的，但是华为可以提前做好布局和战略，抓住"黑天鹅事件"可能带来的科技机会。比如，华为在俄罗斯做数学算法研究，在法国做美学研究，在日本研究材料应用，在海外十几个城市建立了研发机构，外籍专家占比达到了90%。

教师引导

"黑天鹅事件"影响我们看待世界的方式，人们习惯对周围的环境、个人的生涯发展做各种预测和控制，而忽视生活中偶然事件的发生。我们的生活和职业生涯往往因为偶然遇见一个人或一件事而发生了很大的转变，就像蝴蝶效应一样。这种偶然性带给我们的启发有：首先，保持认知谦逊，我们总以为自己知道的很多，但你不知道的事比你知道的事更有意义。其次，避免过度的经验主义，不能固执地用已知来推测未知，要认识到我们的认知是有限的。最后，如果高估环境的稳定性，人们容易过分追求安稳，而看不到隐藏在背后的危机。黑天鹅事件提醒我们世界的变化和无常，要用无常的态度面对生活。

如何应对黑天鹅事件：杠铃策略

杠铃策略顾名思义就是像杠铃一样，两头都有准备，避免满盘皆输。具体做法是针对事物的两极进行非平均分配，一边以90%的时间（资源、精力等）投入收益不高但相对风险小的杠铃一端，确保稳定安全的状态。同时以10%的投入放在其对立的高风险、高收益的杠铃另一头，拥抱不确定性，博取超值回报。

这个 10% 就是个体应对"黑天鹅事件"发生的资本和筹码，以及为发现新的机会或开启另一种人生做好准备。

> **讲解重点**
> 通过举例讲解"杠铃策略"的概念、做法并联系学生自身生涯发展思考该如何运用。

教学案例

古希腊哲学家泰勒斯在橄榄收获前以很低的价格获得了当地所有橄榄油压榨机的季节性使用权，结果当年橄榄大丰收，对橄榄油压榨机的需求大幅增加，泰勒斯通过出租榨油机而大赚了一笔。事实上，泰勒斯并不是对橄榄丰收进行准确预测，而是利用杠铃策略只租榨油机而不是买榨油机。因为不确定橄榄是否丰收，如果橄榄丰收榨油机租用需求多就可以获益很大。如果橄榄不丰收，对榨油机需求少，泰勒斯因为投资有限损失也小，这样对丰收与否都做了准备。

———教师引导———

杠铃策略就是一边确保绝对安全的前提下，另一边可能有很好的机会，以低成本去博取最大回报。让学生思考：在生活中应该如何运用杠铃策略合理分配时间、精力、资源促进职业生涯发展？比如，大学生在确保学业顺利的前提下，利用空闲时间培养兴趣爱好；上班族在完成工作任务后，利用下班时间发展副业或者参加培训学习等。

灰犀牛事件

与"黑天鹅事件"相对应，"灰犀牛事件"指的是看似黑天鹅，其实是习以为常的现象累积成大概率的、风险大的潜在危机。每一个决定都是所有过去行为和事件的结果，每个错误的形成原因都不是唯一的。所有灾难的发生不是因为发生前的征兆过于隐蔽，而是因为疏忽大意或应对措施不力没有加以防范。那些风险就像一只巨大的犀牛如此醒目，本不应该被忽视，但却因为没能及时有效地处理，最终导致破坏性极强的灾难发生，酿成出乎意料的一个"黑天鹅事件"。"灰犀牛事件"的特征包括：概率高、破坏性大、可预测、可预防。

讲解重点

通过举例讲解"灰犀牛事件"的含义、特点、应对策略以及与职业生涯的关系。

教学案例

2007—2008年的世界金融危机对有些人来说是"黑天鹅事件",但对大多数人来说,它的出现并不意外:金融风暴完全是众多"灰犀牛事件"引发的结果。事实上,已经有很多警示信号表明2001—2007年之间累积起来的金融泡沫即将破裂,看到这些信号的人早已采取措施避免财产损失惨重。除此之外,明知有患癌症的风险,也不愿意轻易戒掉烟瘾的烟民;有牙齿疾病隐患的人,但是不做好牙齿保健,最终承受牙疼的巨大痛苦;工头明明知道厂房的墙面上出现巨大裂缝,仍然一如既往地专注于手头上的生意,直到整个厂房彻底坍塌……这些都属于"灰犀牛事件"。

教师引导

如果职业生涯完全不可控,我们还需要生涯规划吗?事实上,"黑天鹅事件"只是让我们意识到生涯中不可控的部分,但"灰犀牛事件"说明生涯发展有部分是可控的。经验主义、懒惰、侥幸心理是造成"灰犀牛事件"的主要因素,如果我们提前防范、主动应对,不等"灰犀牛"演变成"黑天鹅","灰犀牛事件"就会越来越少。日常生活中也存在很多危机隐患,但一直没有采取有效的规避措施,直到危机全面爆发,造成了严重的后果,比如长期熬夜、吃垃圾食品造成的健康问题。

▶如何应对灰犀牛事件

策略一:亡羊补牢。

当危机发生后学会反思,抓住危机当中的机会。一旦危机过去,重新评估局面、制定策略,从全局的角度考量各种行动方案。善于利用危机带来的机遇,打破当前的障碍,用更正确的方式做事。

教学案例

一位音乐家在坐飞机时，航空公司损坏了他的一把吉他，但是拒绝赔偿。音乐家后来把这件事做成视频，在网络广为传播，最后航空公司主动对音乐家进行道歉和赔偿，这件事借助互联网的力量很好地解决了。在这次危机公关事件中，航空公司转变态度，通过承认错误、承担责任，挽回了公司的形象和口碑，同时也让消费者受益。

策略二：防微杜渐。

未雨绸缪远胜于亡羊补牢，越早着手越容易解决问题，成本也越小。防范得过且过的拖延行为，提高对"灰犀牛事件"的感知。通过设置红线、做好预案，果断及时地采取行动，提升危机预防能力。

教学案例

有多少学生不到最后一刻绝不写学期论文？又有多少学生明明知道早点复习准备考试会更从容，既能避免挂科也更容易获得好成绩，但他们仍然会在考试之前才开始通宵达旦地复习？多少人总是踩着点去赶火车、飞机、上班，难免迟到又容易发生事故。

幸运绝非偶然

后现代生涯规划理论越来越看重偶然事件在生涯发展中的作用，保持开放的心态，从偶发事件中获益，充分利用生活中的机缘成为职业生涯规划的重要部分。为什么生活中某些人运气比较好，好事总是不断发生？而某些人运气相对不好？研究者认为有必要研究一下这些幸运的人是怎样做到的，这些幸运的人背后是否有一些相对可控的规律。研究者通过对大量认为自己幸运或不幸的人进行访谈研究，发现看似偶然的机遇背后其实有一定的必然性，幸运者的思考和行为方式更可能创造、留意和利用生活中的机遇。研究者认为这是由幸运者的心理特征造成的，并总结找到了四个"幸运法则"。

讲解重点

通过具体事例说明幸运背后的四个心理法则，想要成为幸运的人，抓住偶然事件的机遇，要学会调整自己的思维认知和思维方式。

─ 教师引导 ───────────────────────────────

一、 充分利用偶然事件编织一张强大的运气网

1. 外向、积极主动的性格

结识大批的人；成为"社交磁铁"；与人保持联系。我们在日常生活中结识的人越多，遇到一个对生活和职业产生正面影响的人可能性就越大。幸运者通过建立和维护人际关系形成了一张强大的"运气网"，给生活带来更多机遇。

教学案例

萨曼莎是一家法律事务所的秘书，一直想进入演艺圈工作，但苦于没有渠道。一个下雨天，她刚要坐上出租车回办公室，碰到一位年长的男士问能不能一起搭乘这辆车。萨曼莎天性开朗，一路上跟他闲聊，得知他是某电影公司的制片人，就主动说自己想进入演艺圈。这位男士介绍她去所在的公司面试，几年后，萨曼莎已经成为洛杉矶一位著名的制片人了。

2. 从容的心态

用从容的眼光看待世界可以增强幸运者把握机遇的能力。研究证明，焦虑情绪、心神不定会影响内心正能量的产生，注意力集中在一个非常狭隘的范围内，会导致错过身边的意外机遇。

教学案例

声称自己幸运或不幸的人共同参与一个实验，让他们浏览一张报纸后数数共有多少张图片。事实上，在报纸的第二页有一句醒目的话："别数了，这张报纸共有四十三张图片。告诉实验者你就能获得一百英镑。"结果发现，更多幸运的人能发现报纸上的这句话，因为性情平和、从容镇定的人更容易注意到偶然的机遇。

3. 新鲜的体验

保持开放性、尝试新事物有助于提高生活中经历偶然机遇的可能性，是提升人生正能量最有效的方法之一。勇于改变常规、乐于发现新鲜事物，可以将各种好的情境、人和事件带进生命当中，才有可能带来新的机遇。

教学案例

特伦斯·谢诺夫斯基原本是一个天才型的物理学家，在普林斯顿专攻量子力学。在四十岁时，因为研究仪器太贵而使科研陷入瓶颈。在苦闷之际，他频繁参与了很多聚会和活动，在一个生物学聚会上，发现自己对人脑的研究感兴趣。于是他决定用量子力学的知识和能力，进入研究脑科学的行列，最后成为美国科学院的院士。

教学建议：该案例来自樊登读书会的《跨越式成长》视频片段，可作为课堂教学视频播放，丰富教学手段。

二、　相信自己的直觉

想一想，你对某个人或某件事有着强烈的预感却没有采取相应行动，现在后悔不已的例子。80%的幸运者表示直觉在其择业方面发挥了关键作用，声称相信直觉的幸运者比例远远高于不幸者。直觉通过潜意识影响着我们的思考、决策和行为方式，增强直觉的技巧包括抛开杂念、沉思、找一个安静的地方待着等。

教学案例

飞机工程师罗伯特的工作内容之一是检查飞机的安全问题。大型飞机有着非常复杂的机械系统，往往需要花费大量时间和精力才能找到毛病出在哪里。但罗伯特总是先查看凭直觉认为有问题的地方，常常一下子就能找到问题所在。罗伯特对飞机问题的直觉来自他多年来与航空电子系统打交道的经验，他在潜意识里对这些系统的了解是他自己都无法想象的。

三、　保持乐观和积极期待

幸运者和不幸者的根本区别是看待自己和生活的态度不同，幸运者对好事的期待远远高于不幸者对好事的期待。悲观和沮丧的情绪会抑制正能量的产生，把自己的人生状态置于糟糕的频率中。幸运者和不幸者对未来的期望在很大程度上影响自身在实现目标方面所做的努力以及是否能达成目标。个体有什么样的期望，我们的思考、感受和行动的方式就受到相应的影响，同样也会影响他人对个体的反应。

教学案例

　　心理学家做过一个著名的实验，告诉一些中学老师他们班上的某些学生智商超群、前途无量。事实上，这些学生并无特殊之处，而是被随意挑选出来的。但是老师对这些学生有了更高的期待，会不知不觉地鼓励和称赞这些学生，并允许他们进行额外的课堂提问。结果发现一段时间后，这些学生的学业大有长进，智力测试得分也高于别人。正是因为老师的期待转化为行动，使这种期待变成了现实。

四、　善于在坏事中发现好事

　　幸运者看到坏事积极的一面，用"相信总会时来运转"的观念来缓解厄运给自己情绪带来的影响。幸运者不沉溺于厄运的悲痛，采取更加积极的态度付诸行动、坚持不懈。他们着眼于未来，并把受挫看作一次总结经验教训的机会，探索新的方法来解决生活中的问题。

教学案例

　　一名魔术师接到邀请去俱乐部表演，路上丢失了装有全部魔术道具的箱子，不得不想别的办法改变整个演出计划。他立刻去买了几副扑克牌，连夜利用手头现有的材料设计出几套新的戏法。最后，这组新设计的表演比原来的表演更精彩，还因其创新性和与众不同而获奖。魔术师认为如果不是箱子被盗，他就不会浪费时间、费尽心思去创新表演，这段经历反而成了他职业生涯中最幸运的事。

案例运用

▶生涯不确定性：机缘与意外

　　你有没有这样的困惑："毕竟我才大一，虽然经过一个学期的学习，我对自己、职业有了更多的认识，可是现在的职场、社会变化得多快啊！不知道再过两年，我的规划是不是还有用，会遇到怎样的意外、机遇或挑战？老师，我该怎样

才能确保自己的规划行之有效，跟得上现实的变化和发展呢?"比如:

你将捡到的钱包归还失主，却意外地从失主那里得到一份工作。

你在一场作文竞赛中获奖，这让你和一位编辑不期而遇，你的书稿得以免费出版。

你幸运地买彩票中奖，这笔意外之财成了你的启动资金，你由此起步，生意越做越大。

不喜欢自己的专业，打算换专业，可是问过教务处才知道已经错过了申请时间。

希望在毕业前考取教师资格证，可是没有成功。

已经做好出国留学的准备，可是不巧想去的国家政局变动，屡被拒签，被迫延期。

你在上班路上不小心丢了手机，结果错过了老板的重要电话，也失去了一个很好的工作机会。

> **讲解重点**
>
> 生涯发展路径更加难以界定和预测，影响因素越来越多，各因素间的关系也越来越复杂；意外事件或机遇在个体发展中也扮演着越来越重要的角色。

教师引导

在一个大样本的大学生群体中，有70%的人显示他们的生涯发展极大地受到预料之外的事件影响，这些事件包括意想不到的会议、疾病和精神开悟。

一代伟人的阴错阳差

鲁迅先生在《鲁迅自传》中写道:"其时我是十八岁，便旅行到南京，考入水师学堂了，分在机关科。大约过了半年，我又走出，改进矿路学堂去学开矿，毕业之后，即被派往日本去留学。但待到在东京的预备学校毕业，我已经决意要学医了。原因之一是因为我确知道了新的医学对于日本维新有很大的助力。我于是进了仙台医学专门学校，学了两年。这时正值俄日战争，我偶然在电影上看见一个中国人因做侦探而将被斩，因此又觉得在中国医好几个人也无用，还应该有较为广大的运动……先提倡新文艺。"

讲解重点

从鲁迅先生的经历可以看出，我们不应忽略微小差异和机会性因素。

教师引导

鲁迅先生并没有依照传统的职业生涯理论按部就班地规划自己的人生（鲁迅先生或许根本没有接触过职业辅导方面的信息），他当时应该也是比较迷茫的。仅仅是"偶然在电影上看见一个中国人因做侦探而将被斩"，就立下了终生的志向，成为一代文豪。可见偶然事件对个体职业生涯目标确定的影响和作用。

课堂活动

❋ **团体活动一：画向我未来**

想象一下，你未来理想的生活画面是什么样的？把你理想中的一个或数个场景画出来。

活动时间：30 分钟左右。

活动准备：以报数的形式分组，每组 5 ~ 6 名学生。给每位学生派发一张 A4 白纸，若干彩色笔。

教师引导

第一阶段由学生本人作画 7 ~ 8 分钟，教师可观察学生实际作画进度灵活调整时间。在学生完成部分画作又未全部完成时进入第二阶段，由教师指挥学生把画作按顺时针或逆时针方向传给同组的学生，拿到他人画作后可在画上根据自己的想法继续创作，每次 2 ~ 3 分钟后由教师指挥进行传递，直到画作回到本人手中。第三阶段给予学生组内讨论的时间，并邀请学生发言，分享活动感受。

活动总结

个体的生涯不仅受自己的掌控，还会受到他人和各种因素的影响，就像你在给别人作画的时候也在影响着他人的生涯。所以我们要客观地看待生涯发展的过程，正确应对影响生涯的不确定性因素。

教学建议：该活动时间较长，需注意把控时长，可作为课程开始前的导入活动，活跃课堂气氛，引起学生的学习兴趣。

✽ 团体活动二：测试你的运气概况

1. 坚决不赞成　2. 不赞成　3. 说不准　4. 赞成　5. 坚决赞成

以上 5 个选项，假如你无法肯定某个说法在多大程度上符合自己的情况，就写下那个你感觉最恰当选项对应的数字，不要考虑太久，尽可能如实回答。

表 8 - 1　运气概况测试

陈述	级别评定 （1 - 5 分）
1. 我在超市或银行排队时偶尔会跟陌生人聊天	
2. 我一般不会对生活感到担忧或不安	
3. 我愿意尝试新事物，比如新类型的食品和饮料	
4. 我常常相信自己的直觉和预感	
5. 我尝试过一些增强直觉的技巧，比如沉思或者待在一个安静的地方	
6. 我基本上总希望将来会有好运	
7. 即使成功的机会不大，我也要努力实现想实现的目标	
8. 不管发生什么，我都愿意看到其光明的一面	
9. 我相信，从长远来看，即使是消极的事也能转为好事	
10. 我不想长期沉溺于过去那些不成功的事	
11. 我试着从过去的错误中吸取经验教训	

活动时间：5 分钟左右。

── 教师引导 ─────────────────────

课堂中穿插的小练习，由教师带领学生进行测试。

活动总结

总分越高代表幸运指数最强，一个小测试让我们反思自己的思维和行动，启发我们在生活中如何运用运气、抓住机遇。

教学建议：可作为讲解"幸运绝非偶然"知识点前的导入练习，缓解学生疲劳状态、调节课堂气氛。

✿ 团体活动三：反思危机当中的机会

从这次新冠病毒感染疫情中，你觉得有什么经验教训和反思值得我们去吸取和改变？

活动时间：10 分钟左右。

──── 教师引导 ────

课堂上给学生组内讨论问题的时间，并让学生发言表达自己的观点和意见。

活动总结 ▮

学生充分发言后，教师可作适当补充。这次新冠病毒感染疫情虽然带给人类惨痛的教训，但也能带给我们很多启发，例如锻炼身体增强免疫力、学习做饭的技能、保持职业竞争力、保护野生动物、爱护医护人员、建立卫生防疫系统、正确对待舆论监管等。总体而言，疫情让我们更加理性地思考人类与环境的关系，重新调整个人的生活方式，重新看待我们身边的人际关系和各行各业。

教学建议：可与"如何应对灰犀牛事件"的知识点结合，作为理论联系实际的一个小练习。

课程思政 ▮

1. 不确定性思维的思政教育价值

随着后疫情时代的到来和市场经济改革的推进，我国思想政治教育环境已发生深刻变化，社会生活方式的丰富化、社会组织形式的多样化、就业岗位和就业方式的多元化趋势日益明显，国内外各种思想文化相互激荡，这都给人们的心理发展和思想观念带来重大影响，突出表现为青年大学生"迷茫与困惑"的精神状态。这种困惑不仅是瞬息万变的知识经济时代带来的，更是在当今功利化价值观念盛行导致理想信念的迷失。当"内卷"和"躺平"成为当代大学生的流行语和关键词时，青年学生容易在面对观念和行为的抉择、困难和挫折的处理等问题时变得"不知所向、不知所选、不知所解"。高校思政教育所面对的不确定性并非前进的障碍，不确定性的本质内涵是机遇与风险并存。它实际上是创造性结果的强烈刺激因素和重要组成部分，对于创新型人才的培养是大有裨益的。所以我们必须正视思想政治教育中的不确定性和思想困惑，采取一种合理而非敌意的接纳适应态度。

传统的职业生涯规划课程容易变成强制性地单向"灌输说教"和注入式的教育模式，以"确定性"的思维方式局限了学生在生涯发展中的主体作用和生涯探索的主观能动性。当今时代，职业生涯规划课程在向学生传授大量的职业生涯理论知识的同时，需要在思维观念上引导学生合理看待"不确定性"。事实证明，"00 后"大学生并不喜欢那种太精确、太固化的教育方式，适当给学生留有想象余地和发挥空间的教育形式更符合当代大学生的思维方式。职业生涯规划课程思政的知识系统、教育内容、教育方法、教育评价等都存在不确定性，不确定性的思维方式肯定了个体的生涯发展是一种极其复杂的动态发展过程。因此，大学生在面对复杂多变的社会"客观不确定性"时，职业生涯教育需要通过课程思政强调个体的自我生涯建构能力和主观能动作用，充分激发学生的主动性和创造性。

2. 实践创新行为的生涯教育内涵

马克思主义的实践创新蕴含着对不确定性的积极应对。不确定性是个体进行生涯实践创新行动的特色，也是创新得以成立的根本依据。因为只要个体的行动属于创新性的，就会出现不确定的因素和产生不确定性的行为。不确定性赋予大学生生涯实践创新的意义在于随着这种有目的、有计划的创新行动的深入，理想与现实差距会逐步缩小，不确定性程度也相应地降低。在职业生涯规划中，实践创新有两层含义，第一层含义在于人要充分发挥主观能动性，探索、理解现实世界，突破个体固有的认知和思维，获得对自我概念的新认识；第二层含义在于个体要依赖于对现实世界的认识，进一步发挥积极性与主动性，提高自身的能力、拓宽自我的眼界，创造出属于自己的生涯发展路径。

马克思的实践创新是创新行动、创新过程和创新结果的统一，建立在现实与发展的未来之中，能促进个体的社会化发展和全面发展。大学生的实践创新需要勇于打开未知的"空间"，把新观念或新理念的创新目标向现实转化，促进个体的生涯目标向未来世界发展。当创新目标或创新对象尚在认识和行动之中时，不确定性居于主导地位，创新行动最大的特色就是消除不确定性。随着不确定性的逐渐消除，实践创新行动可以帮助个体实现其目标并取得成功。正如马克思所说："全部社会生活在本质上是实践的。"

讲解重点

　　不确定性在实践创新中是意外的事件或意外的因素。受不确定性因素的影响，人的实践创新行动，每向前走一步，都可能会出现意外的状况。成功的实践创新总是从不确定性向确定性转变的过程。

教师引导

　　部分大学生在职业选择时，容易妄自菲薄，低估自己。往往因为信心不足而错过一些好的机会，十分可惜。发生这种情况的一个重要原因是个人性格内向、缺乏勇气、缺乏实践锻炼。因此，大学生在校期间，除了完成常规的学业外，还应该积极参加各类校园和社会实践活动。知识可以通过课堂和书本得到，但是胆量、勇气、经验、阅历等必须在实践中获得。想在大学毕业时收获一份理想的职业，除了要具备该职业所要求的专业素养外，还必须具备积极主动、人际交往、表达沟通等综合能力。因此，大学生应发挥主观能动性，充分利用校园资源和各种实践机会，勇于尝试、突破自我，以主动创新、积极应对的态度应对生涯发展和社会变化的"不确定性"。

教学案例

知行合一，勇于实践——深大优秀毕业生曾玉慧

　　来自外国语学院 2016 级英语专业的曾玉慧在大学期间荣获国家奖学金及各项奖学金，大一便实现经济独立。课堂上的她认真而专注，会积极思考并回答老师的问题；在课后学有余力之时，她也会去旁听其他学院的课程，包括中国现当代文学、西方哲学等。通过不断的学习和反思，她常常能明显地感受到自己思想上的成长，以及独立思辨能力的提高，曾玉慧认为这或许是自己在大学期间最美妙的体验。

　　此外，她的公共演讲能力也在这四年里得到了极大的锻炼。她透露自己刚入学第一次进行英文演讲时，紧张到手心冒汗，甚至双腿发抖。但后来通过一次又

一次的课堂练习，以及演讲比赛的磨炼，她在台上变得越来越自信，也越来越从容。在感受到自己巨大进步的同时，她也逐渐明白很多事情只要多去尝试和锻炼，就一定会有惊喜的收获。

大学四年里，除了学业上的追求外，她也有意识地去锻炼自己的实干能力，积极参加各种实践活动。在校内，她曾担任深圳大学国际交流协会的组织部部长，尽心为校内交换留学生策划并组织活动。在校外，她从大一开始便通过家教辅导、翻译等兼职实习赚取自己的生活费，基本实现了经济独立。此外，她也积极投身社会志愿服务。大一暑期，曾玉慧担任第19届国际植物学大会的翻译志愿者，推动并见证了这场盛大国际学术会议的举行，她对此倍感荣幸。大二时，她参加了亚太创新学院（APIA）国际创新加速器项目的志愿服务活动，接触了来自世界各地怀着创业梦想的人才，极大地开阔了自己的国际视野，受益匪浅。

除此之外，她还参加了海洋环境保护项目、小学环保宣教、关爱自闭症儿童的志愿服务活动等。通过种种的实践活动，她不仅锻炼了自己各方面的能力，收获了友谊，开阔了眼界。更重要的是，她在这个过程当中体会到了生命的独立之美，以及成长的喜悦。曾玉慧明白自己不能只待在学术的象牙塔中，要懂得走向社会、融入群体，不断实践和探索，努力达到"知行合一"的境界。今后，她也会秉持这样的理念，继续践行实干精神，提高自身能力，并积极服务社会。

回顾大学四年，曾玉慧总结道："我很感谢自己一直在努力向上生长，能坚守初心、潜心学习，亦能积极实践、挑战自我。今后的我，将继续保持一颗求知的心，躬身实践，遵循内心选择，坚定地在成长的道路上一往无前。"

课程总结

1. 幸运是一种心态，一种思维方法，一种行为举止

研究证明，通过我们的思考、感受和行动可以创造出幸运的或不幸的事。如果想要成为幸运的人，我们得调整自己的思维认知和思维方式。四项基本的心理法则：①充分利用一切偶然的机遇：说明幸运者的个性帮助他们创造、抓住和利用看似偶然的机遇。②相信自己的幸运直觉：揭示幸运者是如何借助直觉和预感做出成功的决策。③永远期待好运发生：说明幸运者对未来的期望使其能坚强有力、梦想成真。④变厄运为好运：幸运者坚韧不拔的态度和行为，能使厄运转化。

2. 生涯之学即应变之学

职业领域的变化是一个渐进的历史过程，而不是突变。在这个渐变的过程中，个体必须提前思考未来的议题，主动决定、尽早行动，而不是被动地等待被决定。后现代主义的生涯发展观不会只依据人的昨天和今天去判断和决定他的明天，而是通过发现个体潜在的可能性，使这种可能性转化为现实。职业生涯规划不只是知识、技能的传递过程，而是提升个体自我超越的意识和能力，提升人的生命质量和创造能力的过程。后疫情时代的生涯教育目标不仅仅是帮助学生做好准备去迎接一次面试、一份工作或一条特定的职业道路，而且应该让他们掌握在未来实现职业生涯可持续发展所需的认知能力和应变能力。

课程作业

列出五种新体验：你从来没做过但愿意尝试一下的事情。有些体验可能比较简单，有些也许会富有冒险性，有些需要较长时间的努力，把这些想法写下来，并付诸行动去享受你的新体验。

1. _____
2. _____
3. _____
4. _____
5. _____

对待厄运的态度：花几分钟，设身处地把自己放到下述情景中，想象一下自己会做出什么反应，并采取什么行动。请真实地记录下来。

1. 你进行了四次驾照路考，四次失败。你该如何应对？
2. 你经历了四次工作面试，四次遭到拒绝。你该如何应对？
3. 你进行了三次相亲约会，三次失败。你该如何应对？

知识拓展

▶ VUCA（乌卡）时代

"VUCA"一词起源于20世纪90年代的美国军方，指的是在冷战结束后出现的多边世界，其特征比以往任何时候都更加复杂以及不确定。VUCA实际上是易变性（Volatility）、不确定性（Uncertainty）、复杂性（Complexity）、模糊性

（Ambiguity）四个英文单词的缩写。

我们生活在一个不断变化的世界里，各种大大小小的变化越来越频繁且难以预测。未来发展的走向越来越不确定，人们难以根据历史和过去的经验对未来形势进行准确的预判。现代世界比以往任何时候都复杂，各种因素从不同角度、不同层面对事物产生综合的影响，事物之间的关系变得模糊。总体而言，VUCA 时代对人们职业生涯发展与管理的弹性、创新性和灵活性提出了更高的要求，我们应该如何应对 VUCA 时代的挑战：

（1）明确个人的生涯愿景：这有助于个体在生涯发展过程中明确关键目标的行动意图。生涯愿景是我们内心最深的向往，能在困难和瓶颈时期为我们提供支持和动力。但要注意的是，愿景下的单个目标有可能随时被修改，需要保证的是愿景的方向。

（2）增加阶段性发展目标的后备选项：在 VUCA 时代下，传统的企业员工职业发展路径变得难以预测。个人的年度发展目标也容易受到企业的变化影响而需要调整。因此，为个人的阶段性发展目标制定后备选择，可以增强个人应对变化的弹性，利用机会实现螺旋式发展。

（3）持续发展可雇用能力，降低对自我能力的偏见：人们往往会高估自己应对当前工作的能力。这种偏见会降低个体对环境变化的觉察和对自我能力发展的动机。因此，客观评估个人工作质量，持续性地学习与提升能力对保持个体核心竞争力有重要意义。

（4）拥抱变化，提高适应能力：变革和创新是 VUCA 时代的明显特征，企业和组织必须通过不断的蜕变寻求突破、实现升级。因此，企业更需要的是有潜力推动变革，能带来和实现创新的员工。保持对新技术、新动态的敏锐嗅觉和好奇心，洞察行业变化并提出创新建议，让自己成为能为企业带来价值的关键人才。

▶偶发力与偶发事件：善用机缘论

偶发力（Serendipity）包含三项元素：偶然、机会、智慧，必须经过两个层次转换，才具备偶发力。第一层：从不可预期的意外中看见机会。第二层：运用智慧，将机会转换为实力。偶发力的产生与"机会"息息相关，这个机会指的是"偶发事件"：个体在预期之外，无法控制的情境下遭遇的事件，有时候个体会对偶发事件以某种方式做出反应。若个体在遭遇偶发事件时能够敏锐察觉，并且拥有"转换的智慧"而引发偶发力，便能对偶发事件有所反应或产生想法，进而使偶发事件对生涯造成影响。

约翰·克朗伯兹等学者于 1999 年提出"善用机缘论"（Planed Happenstance Theory），该理论是社会学习理论的扩展，强调个体不是只等着机会找上门来，而更应该主动探索，增加偶发事件发生的可能性，赢得更多帮助生涯发展的机会。偶发事件看似机缘巧合，在生涯当中却可以扮演重要角色。当今社会环境中充满无数的意外事件，这些事件无论正向或负向，都提供了意想不到的学习机会。个体可以试着从预料之外的事件中辨认机会的存在，主动采取行动，开创不同的可能性。善用机缘论包含两个概念：

1. 探索意外发生的机会以提升生活质量

学习忍受模糊、不确定的情况，并且培养探索与冒险的态度，将"未确定"重新界定为"开放的态度"。当个体以开放且不僵硬的方式与世界联结，因而能够接触到大量的新情境和改变，并将之视为鼓励其成长与进一步定义自我的方式。

2. 将偶发事件转化成值得学习的机会事件

善用机缘论提出以下五项技能的提升有助于个体识别、创造及将巧合事件转化在职业机会：

（1）好奇——不断探索新的学习机会；

（2）坚持——即使遭遇挫折仍继续尝试；

（3）弹性——随着情境改变态度；

（4）乐观——视新机会为可能达到的；

（5）冒险——即使无法确定结果时，也会去尝试。

表 8-2 善用机缘论与传统生涯理论不同点

传统职业生涯理论	善用机缘论
理性的规划和选择就能达成职业目标	机会事件在生涯规划中占有一席之地
了解兴趣、技能、价值观可以找到相匹配的职业	了解兴趣、技能、价值观是创造适合你的职业机会的重要因素之一
不要让意外事件中断你的计划	将意外事件的价值发挥最大化

（续上表）

传统职业生涯理论	善用机缘论
对行动的内容和方法保持清晰	保持开放的选择，比如不要受制于可能会被淘汰的计划
培养好技能再找工作	先找工作再学习技能
寻找符合兴趣的职业	兴趣可以培养
总是坚持信念	信念有时会成为自我妨碍
等待时机	创造属于自己的运气

▶生涯混沌理论

混沌理论（Chaos Theory）的产生来源于气象中的"蝴蝶效应"，揭示了复杂系统发展变化的过程特征，总结了变化过程具有非线性、不确定性和复杂性等特点。在 20 世纪末，普赖尔和布莱特将混沌理论引入到了职业生涯领域中，对职业生涯的各种现象和生涯心理进行关注，并进一步提出了"生涯混沌理论"（The Chaos Theory of Careers），阐释说明人们的职业生涯在发展和转换中的易变性、复杂性等现象。有研究表明，生活经验的难以预测性确实对个体的生涯路径有影响。

1. 生涯发展的复杂性

职业生涯是一个复杂的系统，一方面体现在影响这个系统的因素是多方面的，包括技能、信念、潜能、身体缺陷、自我概念、社会政策、信息媒介、历史趋势、同伴群体、机遇等，这些因素的相互作用和不断变化造成了职业生涯发展的复杂性。另一方面，高校生涯教育的议题包含自我认知、职业认知、职业决策、职场适应、工作转换以及职业与生活平衡、人生价值观等一系列的问题，这多个方面是杂糅在一起出现而并非单一的存在，这也体现了生涯发展的复杂性。

2. 生涯发展的非线性

非线性指的是现象或事物间的变化和关系不成比例、缺乏规律性，如小的因素可能会导致大的影响。大学生的求职就业也具有非线性的特点，个人的行为、素质、简历细节、面试礼仪都会影响到最终求职的结果，甚至是长远的职业发展。生涯发展过程中的偶发事件、不可控事件很多，提升生涯适应力能够使个体更好地面对这种复杂性与不确定性。生涯适应力能够帮助个体在开放灵活、意义追寻、务实行动、乐观豁达、坚忍执着这五个维度提升"生涯灵性"，明确生涯发展是确定性与不确定性、有序与无序、稳定与不稳定的统一，树立新的生涯发展观。

3. 生涯发展的分形性

分形指从整体结构中截取的零散片段仍旧保持整体结构的基本形态，因此可以通过对事物的分形进行分析得出事物整体的规律和特性。比如个体的生涯发展是人类群体生涯发展的一个分形，可以通过研究个体的生涯归纳出不同群体的生涯发展规律。而一个人的生涯发展阶段也可以看作是其一生职业生涯的分形，所以可以通过引导大学生反思过去的生涯经历、决策模式等，找到自己的生涯主题和决策风格，从而解决生涯困惑、改变以往的固有观念，提高应对生涯问题的能力，更好地把握未来的生涯发展。

4. 生涯发展的初值敏感性

混沌理论认为，系统的确定性仅仅是短期内的，初始条件一个微小的变化，经过复杂系统的迭代可能最终导致系统化的改变，使得系统的长期行为变得不可预测。这种初值敏感性给了高校生涯教育撬动大学生生涯变化的契机，即一场讲座的启发、一个信念的改变、一次兴趣的尝试都为生涯发展提供了更多的可能性。有必要帮助大学生树立积极应变的思想，使他们在面对未来不确定、信息不确定及环境不确定等因素时，能够以乐观的态度接纳和容忍这些不确定性，并以充实自我来应对不确定，将"消极的不确定感"转变为"积极的不确定感"，以一种富有弹性的态度面对社会和职场。

推荐阅读

1. 比尔·博内特，戴夫·伊万斯. 斯坦福大学人生设计课 [M]. 周芳芳，译. 北京：中信出版社，2017.

2. 约翰 D. 克虏伯，AIS. 列文. 幸运绝非偶然 [M]. 泊洋，译. 武汉：长江文艺出版社，2006.

3. 理查德·保罗，琳达·埃尔德. 思辨与立场：生活中无处不在的批判性思维工具 [M]. 李小平，译. 北京：中国人民大学出版社，2016.

4. 马华兴. 现在的泪，都是当年脑子进的水 [M]. 北京：九州出版社，2014.

5. 芭芭拉·奥利克. 跨越式成长：思维转换重塑你的工作和生活 [M]. 汪幼枫，译. 北京：机械工业出版社，2020.

附录 ① 项目式学习备选题目

1. 现代女性生涯发展的特点与对策

2. 人工智能/大数据时代对职业生涯发展的影响

3. ××行业的趋势与职业生涯发展路径

4. 因缘观与职业生涯的关系

5. 他们的生涯故事与思考

6. 中庸智慧与生涯决策

7. "干一行爱一行"还是"爱一行干一行"?

8. 买家秀与卖家秀:理想与真实的职场

9. 家族职业树:影响及启发

10. 后疫情时代的职业生涯规划:影响及启发

附录 ❷ 大学生生涯适应力问卷

大学生生涯适应力前测问卷

同学您好！感谢参与关于职业生涯规划课程教学改革的研究项目，本调查旨在了解大家的生涯适应力状况。答案无好坏、对错之分，请按您的实际情况作答，您的个人信息和所填写的内容将严格保密，谢谢您的配合！

（一）个人信息

●学号：

●年级：

◇大一　　　　大二　　　　大三　　　　大四

●性别：

◇男　　　　　女

●年龄：

●专业：

●课程期间是否参与过兼职工作？

◇是，兼职多长时间（＿＿＿＿＿小时/周，共＿＿＿＿＿周）

◇否

（二）每个人在建立自己的生涯时，都有不同的优势。没有人擅长做所有的事情，我们每个人都比其他人更善用某些能力。请在以下量表中评定自己在每项能力上的发展程度有多强，然后选出最合适的数字。

1. 思考自己的未来会是什么样的。

①不强　　　②较强　　　③一般　　　④很强　　　⑤最强

2. 靠自己做决定。

①不强　　　②较强　　　③一般　　　④很强　　　⑤最强

3. 寻找成长的机会。

①不强　　　②较强　　　③一般　　　④很强　　　⑤最强

4. 认真把事情做好。

①不强　　　②较强　　　③一般　　　④很强　　　⑤最强

5. 为未来做准备。

①不强　　　②较强　　　③一般　　　④很强　　　⑤最强

6. 为自己的行为负责。

①不强　　　②较强　　　③一般　　　④很强　　　⑤最强

7. 在做决定前考量各种可能的选择。

①不强　　　②较强　　　③一般　　　④很强　　　⑤最强

8. 学习新的技能。

①不强　　　②较强　　　③一般　　　④很强　　　⑤最强

9. 知道自己必须做出的教育和职业选择。

①不强　　　②较强　　　③一般　　　④很强　　　⑤最强

10. 依靠自己。

①不强　　　②较强　　　③一般　　　④很强　　　⑤最强

11. 观察别人做事的不同方式。

①不强　　　②较强　　　③一般　　　④很强　　　⑤最强

12. 逐步发展自己的能力。

①不强　　　②较强　　　③一般　　　④很强　　　⑤最强

（三）请选出最合适的一项

1. 会坦然看待挫折并思考它带来的积极意义。

①完全不符合　　②不太符合　　③不确定　　④比较符合　　⑤完全符合

2. 遇到挫折和失败后，会反省自己并尝试聆听别人的意见。

①完全不符合　　②不太符合　　③不确定　　④比较符合　　⑤完全符合

3. 面对生涯发展中的不顺，会寻求他人的支持和帮助。

①完全不符合　　②不太符合　　③不确定　　④比较符合　　⑤完全符合

4. 遇到生涯困境时，会多方搜集信息以寻求解决之道。

①完全不符合　　②不太符合　　③不确定　　④比较符合　　⑤完全符合

5. 对于生涯发展中遇到的困境，总认为从长远来看总有解决之道。

①完全不符合　　②不太符合　　③不确定　　④比较符合　　⑤完全符合

6. 在处理生涯议题时，只要尽心尽力了，不管怎样的结果，自己都能接受。

①完全不符合　　②不太符合　　③不确定　　④比较符合　　⑤完全符合

7. 会很积极地去搜集与自己未来发展有关的信息。

①完全不符合　　②不太符合　　③不确定　　④比较符合　　⑤完全符合

8. 会尝试各种方法（做测验/咨询/打工等）去探索自己的价值观、兴趣和能力。

①完全不符合　　②不太符合　　③不确定　　④比较符合　　⑤完全符合

9. 在大学里很注重培养自己的兴趣爱好，会多方面发展自己而不仅限于读书。

①完全不符合　　②不太符合　　③不确定　　④比较符合　　⑤完全符合

10. 在校期间经常参加各种社会实践活动来培养自己的实践能力。

①完全不符合　　②不太符合　　③不确定　　④比较符合　　⑤完全符合

11. 即使没人叮嘱，也会主动发展自己以求得未来生涯的顺利发展。

①完全不符合　　②不太符合　　③不确定　　④比较符合　　⑤完全符合

12. 在生活中，喜欢接受和尝试新知识、新技能并应用于实践中去。

①完全不符合　　②不太符合　　③不确定　　④比较符合　　⑤完全符合

13. 经常有意识地关注本专业的发展前景和社会应用状况。

①完全不符合　　②不太符合　　③不确定　　④比较符合　　⑤完全符合

14. 在做事情之前，通常都先列出一个大概的计划，然后再执行。

①完全不符合　　②不太符合　　③不确定　　④比较符合　　⑤完全符合

15. 很重视自己当前所做、所学与未来生涯发展的关系。

①完全不符合　　②不太符合　　③不确定　　④比较符合　　⑤完全符合

16. 为了获得一个圆满生涯，会珍惜时间为未来的生涯发展做好准备。

①完全不符合　　②不太符合　　③不确定　　④比较符合　　⑤完全符合

17. 非常关注社会的未来发展趋势，以避免自己落伍。

①完全不符合　　②不太符合　　③不确定　　④比较符合　　⑤完全符合

18. 面对充满变化的现代社会，很注重自己的生涯规划。

①完全不符合　　②不太符合　　③不确定　　④比较符合　　⑤完全符合

19. 人缘很好，生活中有很多好朋友。

①完全不符合　　②不太符合　　③不确定　　④比较符合　　⑤完全符合

20. 为人随和，能与不同个性的人（同学/同事）发展良好的合作关系。

①完全不符合　　②不太符合　　③不确定　　④比较符合　　⑤完全符合

21. 与不同个性的人共事时，能调整心态以维持良好关系。

①完全不符合　　②不太符合　　③不确定　　④比较符合　　⑤完全符合

22. 每到一个新地方，很容易同别人建立良好的关系。

①完全不符合　　②不太符合　　③不确定　　④比较符合　　⑤完全符合

23. 在日常生活中，能保持开放的心胸与他人相处。

①完全不符合　　②不太符合　　③不确定　　④比较符合　　⑤完全符合

24. 在人际交往上，懂得如何与人和谐相处。

①完全不符合　　②不太符合　　③不确定　　④比较符合　　⑤完全符合

25. 面对多变而不确定的未来，有足够的能力去适当调整自己的生涯规划。

①完全不符合　　②不太符合　　③不确定　　④比较符合　　⑤完全符合

26. 相信自己有较强工作能力，并能做好要做的工作。

①完全不符合　　②不太符合　　③不确定　　④比较符合　　⑤完全符合

27. 即使面对不同的生涯情景，相信自己的表现依然是不错的。

①完全不符合　　②不太符合　　③不确定　　④比较符合　　⑤完全符合

28. 相信自己能顺利度过由大学到社会的生涯转换。

①完全不符合　　②不太符合　　③不确定　　④比较符合　　⑤完全符合

29. 不惧怕生涯发展中的困难，愿意接受一切挑战。

①完全不符合　　②不太符合　　③不确定　　④比较符合　　⑤完全符合

30. 自己的适应能力不错，并对生涯的顺利发展很有帮助。

①完全不符合　　②不太符合　　③不确定　　④比较符合　　⑤完全符合

31. 在做重要生涯决定时（如专业选择、职业选择等），会犹豫不决。

①完全不符合　　②不太符合　　③不确定　　④比较符合　　⑤完全符合

32. 自己很难掌控未来的生涯发展。

①完全不符合　　②不太符合　　③不确定　　④比较符合　　⑤完全符合

33. 在未来生涯发展上，自己还没有一个明确的方向。

①完全不符合　　②不太符合　　③不确定　　④比较符合　　⑤完全符合

34. 如果遇到自己一时很难克服的生涯困境，会放弃自己当初的选择。

①完全不符合　　②不太符合　　③不确定　　④比较符合　　⑤完全符合

35. 在未来的生涯选择上，如果没有别人的支持或肯定，自己无法做决定。

①完全不符合　　②不太符合　　③不确定　　④比较符合　　⑤完全符合

36. 在课堂上，能保持良好的学风，上课较少走神、闲聊。

①完全不符合　　②不太符合　　③不确定　　④比较符合　　⑤完全符合

37. 在课堂上，较少玩手机或做其他与课堂无关的事情。

①完全不符合　　②不太符合　　③不确定　　④比较符合　　⑤完全符合

38. 在课堂上，会认真听课，做课堂笔记。

①完全不符合　　②不太符合　　③不确定　　④比较符合　　⑤完全符合

39. 在课堂上，能认真思考老师提出的问题。

①完全不符合　　②不太符合　　③不确定　　④比较符合　　⑤完全符合

40. 在课堂上，能积极参与课程中的讨论。

①完全不符合　　②不太符合　　③不确定　　④比较符合　　⑤完全符合

41. 在课堂上，能积极进行发言或回答问题。

①完全不符合　　②不太符合　　③不确定　　④比较符合　　⑤完全符合

42. 能遵守课堂纪律，没有迟到、早退的行为。

①完全不符合　　②不太符合　　③不确定　　④比较符合　　⑤完全符合

43. 没有无故缺课、旷课的行为。

①完全不符合　　②不太符合　　③不确定　　④比较符合　　⑤完全符合

44. 能按时按质按量地独立完成作业。

①完全不符合　　②不太符合　　③不确定　　④比较符合　　⑤完全符合

45. 能够将课程所学知识运用到实际中。

①完全不符合　　②不太符合　　③不确定　　④比较符合　　⑤完全符合

大学生生涯适应力后测问卷

同学您好！感谢参与关于职业生涯规划课程教学改革的研究项目，本调查旨在了解大家的生涯适应力状况。答案无好坏、对错之分，请按您的实际情况作答，您的个人信息和所填写的内容将严格保密，谢谢您的配合！

（一）个人信息

● 学号：

● 课程期间是否参与过兼职工作？

◇ 是，兼职多长时间（____小时/周，共____周）

◇ 否

（二）每个人在建立自己的生涯时，都有不同的优势。没有人擅长做所有的事情，我们每个人都比其他人更善用某些能力。请在以下量表中评定你在每项能力上的发展程度有多强，然后选出最合适的一项。

1. 思考未来会是什么样的。

①不强　　　②较强　　　③一般　　　④很强　　　⑤最强

2. 靠自己做决定。

①不强　　　②较强　　　③一般　　　④很强　　　⑤最强

3. 寻找成长的机会。

①不强　　　②较强　　　③一般　　　④很强　　　⑤最强

4. 认真把事情做好。

①不强　　　②较强　　　③一般　　　④很强　　　⑤最强

5. 为未来做准备。

①不强　　　②较强　　　③一般　　　④很强　　　⑤最强

6. 为自己的行为负责。

①不强　　　②较强　　　③一般　　　④很强　　　⑤最强

7. 在做决定前考量各种可能的选择。

①不强　　②较强　　③一般　　④很强　　⑤最强

8. 学习新的技能。

①不强　　②较强　　③一般　　④很强　　⑤最强

9. 知道必须做出的教育和职业选择。

①不强　　②较强　　③一般　　④很强　　⑤最强

10. 依靠自己。

①不强　　②较强　　③一般　　④很强　　⑤最强

11. 观察别人做事的不同方式。

①不强　　②较强　　③一般　　④很强　　⑤最强

12. 逐步发展能力。

①不强　　②较强　　③一般　　④很强　　⑤最强

（三）请选出最合适的一项

1. 会坦然看待挫折并思考它带给我的积极意义。

①完全不符合　②不太符合　③不确定　④比较符合　⑤完全符合

2. 遇到挫折和失败后，会反省自己并尝试聆听别人的意见。

①完全不符合　②不太符合　③不确定　④比较符合　⑤完全符合

3. 面对生涯发展中的不顺，会寻求他人的支持和帮助。

①完全不符合　②不太符合　③不确定　④比较符合　⑤完全符合

4. 遇到生涯困境时，会多方搜集信息以寻求解决之道。

①完全不符合　②不太符合　③不确定　④比较符合　⑤完全符合

5. 对于生涯发展中遇到的困境，认为从长远来看总有解决之道。

①完全不符合　②不太符合　③不确定　④比较符合　⑤完全符合

6. 在处理生涯议题时，只要尽心尽力了，不管怎样的结果，自己都能接受。

①完全不符合　②不太符合　③不确定　④比较符合　⑤完全符合

7. 会积极搜集与自己未来发展有关的信息。

①完全不符合　②不太符合　③不确定　④比较符合　⑤完全符合

8. 会尝试各种方法（做测验/咨询/打工等）去探索自己的价值观，兴趣和能力。

①完全不符合　　②不太符合　　③不确定　　④比较符合　　⑤完全符合

9. 在大学里注重培养自己的兴趣爱好，会多方面发展自己而不仅限于读书。

①完全不符合　　②不太符合　　③不确定　　④比较符合　　⑤完全符合

10. 在校期间参加各种社会实践活动来培养自己的实践能力。

①完全不符合　　②不太符合　　③不确定　　④比较符合　　⑤完全符合

11. 即使没人叮嘱，也会主动发展自己以求得未来生涯的顺利发展。

①完全不符合　　②不太符合　　③不确定　　④比较符合　　⑤完全符合

12. 在生活中，喜欢接受和尝试新知识、新技能并应用于实践中去。

①完全不符合　　②不太符合　　③不确定　　④比较符合　　⑤完全符合

13. 有意识地关注本专业的发展前景和社会应用状况。

①完全不符合　　②不太符合　　③不确定　　④比较符合　　⑤完全符合

14. 在做事情之前，先列出一个大概的计划，然后再执行。

①完全不符合　　②不太符合　　③不确定　　④比较符合　　⑤完全符合

15. 重视自己当前所做、所学与未来生涯发展的关系。

①完全不符合　　②不太符合　　③不确定　　④比较符合　　⑤完全符合

16. 为了获得一个圆满生涯，会珍惜时间为未来的生涯发展做好准备。

①完全不符合　　②不太符合　　③不确定　　④比较符合　　⑤完全符合

17. 关注社会的未来发展趋势，以避免自己落伍。

①完全不符合　　②不太符合　　③不确定　　④比较符合　　⑤完全符合

18. 面对充满变化的现代社会，注重自己的生涯规划。

①完全不符合　　②不太符合　　③不确定　　④比较符合　　⑤完全符合

19. 人缘很好，生活中有很多好朋友。

①完全不符合　　②不太符合　　③不确定　　④比较符合　　⑤完全符合

20. 为人随和，能与不同个性的人（同学/同事）发展良好的合作关系。

①完全不符合　　②不太符合　　③不确定　　④比较符合　　⑤完全符合

21. 与不同个性的人共事时，能调整心态以维持良好关系。

①完全不符合　　②不太符合　　③不确定　　④比较符合　　⑤完全符合

22. 每到一个新地方，容易同别人建立良好的关系。

①完全不符合　　②不太符合　　③不确定　　④比较符合　　⑤完全符合

23. 在日常生活中，能保持开放的心胸与他人相处。

①完全不符合　　②不太符合　　③不确定　　④比较符合　　⑤完全符合

24. 在人际交往上，懂得如何与人和谐相处。

①完全不符合　　②不太符合　　③不确定　　④比较符合　　⑤完全符合

25. 面对多变而不确定的未来，有足够的能力去适当调整自己的生涯规划。

①完全不符合　　②不太符合　　③不确定　　④比较符合　　⑤完全符合

26. 相信自己有较强工作能力，并能做好分内的工作。

①完全不符合　　②不太符合　　③不确定　　④比较符合　　⑤完全符合

27. 即使面对不同的生涯情景，相信自己的表现依然是不错的。

①完全不符合　　②不太符合　　③不确定　　④比较符合　　⑤完全符合

28. 相信自己能顺利度过由大学到社会的生涯转换。

①完全不符合　　②不太符合　　③不确定　　④比较符合　　⑤完全符合

29. 不惧怕生涯发展中的困难，愿意接受一切挑战。

①完全不符合　　②不太符合　　③不确定　　④比较符合　　⑤完全符合

30. 自己的适应能力不错，并对自己生涯的顺利发展很有帮助。

①完全不符合　　②不太符合　　③不确定　　④比较符合　　⑤完全符合

31. 在做重要生涯决定时（如专业选择、职业选择等），会犹豫不决。

①完全不符合　　②不太符合　　③不确定　　④比较符合　　⑤完全符合

32. 很难掌控未来的生涯发展。

①完全不符合　　②不太符合　　③不确定　　④比较符合　　⑤完全符合

33. 在未来生涯发展上，还没有一个明确的方向。

①完全不符合　　②不太符合　　③不确定　　④比较符合　　⑤完全符合

34. 如果遇到一时很难克服的生涯困境，会放弃自己当初的选择。

①完全不符合　　②不太符合　　③不确定　　④比较符合　　⑤完全符合

35. 在未来的生涯选择上，如果没有别人的支持或肯定，自己无法做决定。

①完全不符合　　②不太符合　　③不确定　　④比较符合　　⑤完全符合

36. 在课堂上，能保持良好的学风，上课较少走神、闲聊。

①完全不符合　　②不太符合　　③不确定　　④比较符合　　⑤完全符合

37. 在课堂上，较少玩手机或做其他与课堂无关的事情。

①完全不符合　　②不太符合　　③不确定　　④比较符合　　⑤完全符合

38. 在课堂上，会认真听课，做课堂笔记。

①完全不符合　　②不太符合　　③不确定　　④比较符合　　⑤完全符合

39. 在课堂上，能认真思考老师提出的问题。

①完全不符合　　②不太符合　　③不确定　　④比较符合　　⑤完全符合

40. 在课堂上，能积极参与课程中的讨论。

①完全不符合　　②不太符合　　③不确定　　④比较符合　　⑤完全符合

41. 在课堂上，能积极进行发言或回答问题。

①完全不符合　　②不太符合　　③不确定　　④比较符合　　⑤完全符合

42. 遵守课堂纪律，没有迟到、早退的行为。

①完全不符合　　②不太符合　　③不确定　　④比较符合　　⑤完全符合

43. 没有无故缺课、旷课的行为。

①完全不符合　　②不太符合　　③不确定　　④比较符合　　⑤完全符合

44. 按时按质按量地独立完成作业。

①完全不符合　　②不太符合　　③不确定　　④比较符合　　⑤完全符合

45. 能够将课程所学知识运用到实际中去。

①完全不符合　　②不太符合　　③不确定　　④比较符合　　⑤完全符合

46. 课程的教学内容对于了解自己有帮助。

①完全不符合　　②不太符合　　③不确定　　④比较符合　　⑤完全符合

47. 课程的教学内容对于规划大学生活有帮助。

①完全不符合　　②不太符合　　③不确定　　④比较符合　　⑤完全符合

48. 课程的教学内容对于明确职业目标有帮助。

①完全不符合　　②不太符合　　③不确定　　④比较符合　　⑤完全符合

49. 能通过课程的教学方式很好地理解和学习到生涯规划的知识。

①完全不符合　　②不太符合　　③不确定　　④比较符合　　⑤完全符合

50. 能通过课堂的组织形式积极参与课堂活动，保持良好的学习状态。

①完全不符合　　②不太符合　　③不确定　　④比较符合　　⑤完全符合

51. 能通过完成课程作业加深对知识的理解，并把知识运用于实践。

①完全不符合　　②不太符合　　③不确定　　④比较符合　　⑤完全符合

52. 在课堂上能保持良好的学风，较少玩手机、做作业、闲聊。

①完全不符合　　②不太符合　　③不确定　　④比较符合　　⑤完全符合

53. 在课堂上能遵守课堂纪律，没有迟到、无故缺课、睡觉等行为。

①完全不符合　　②不太符合　　③不确定　　④比较符合　　⑤完全符合

54. 课程的设计和课堂的形式有助于优化学生的课堂学风。

①完全不符合　　②不太符合　　③不确定　　④比较符合　　⑤完全符合

附录 ❸ 大学生生涯适应力问卷数据分析

本研究选取深圳某高校 2020—2021 年度第一和第二学期选修"职业生涯规划与管理"课程的学生作为研究对象。第一学期课程分两个班共 55 人，回收有效问卷 49 份，第二学期课程分两个班共 53 人，回收有效问卷 53 份，两个学期共回收有效问卷 102 份，总有效回收率达 94.4%。其中男生 64 人（62.7%），女生 38 人（37.3%）；理工科类学生 77 人（75.5%），文科类学生 25 人（24.5%）。

一、 生涯适应力检测

将每个因子下属题目的平均得分作为生涯控制、生涯好奇、生涯关注、生涯自信、生涯调适和生涯人际这 6 个因子的衡量标准，并将量表的总得分作为大学生生涯适应力的衡量标准。本文对每一个样本在教学改革前后均采集了生涯适应力的量表统计数据，且每组数据都通过了正态性检验。对生涯适应力 6 个因子及总得分的教学改革前测数据及教学改革后测数据进行配对样本 t 检验，检验结果见表 1。

从检验结果可以看出，在生涯控制因子中，$t = 0.168$，$p = 0.867 > 0.05$，说明学生在生涯控制方面的能力在教学改革前后没有显著差异，而其他 5 个因子的平均得分及总分在教学改革后都显著提高，且 $p < 0.05$，通过了显著性检验。说明经过教学改革后，大学生生涯适应的整体能力显著提升了，具体表现为生涯好奇、生涯关注、生涯自信、生涯调适和生涯人际这 5 个方面的能力显著提升。

表1 大学生生涯适应力问卷前测—后测配对样本 t 检验

		均值	标准差	t	p
对 1	生涯调适前测—生涯调适后测	−.288	.478	−6.087	.000
对 2	生涯好奇前测—生涯好奇后测	−.206	.579	−3.589	.001
对 3	生涯关注前测—生涯关注后测	−.243	.632	−3.889	.000
对 4	生涯人际前测—生涯人际后测	−.136	.570	−2.405	.018

（续上表）

		均值	标准差	t	p
对 5	生涯自信前测—生涯自信后测	−.186	.532	−3.537	.001
对 6	生涯控制前测—生涯控制后测	.016	.945	.168	.867
对 7	总分前测—总分后测	−6.314	13.648	−4.672	.000

　　为了进一步验证学生在教学改革后生涯适应能力是否有显著提升，本文还引入了《生涯适应力量表——中文简短版》，并将此量表的总得分作为大学生生涯适应力的衡量标准。同理，对每一个样本在教学改革前后均采集了量表统计数据，且每组数据都通过了正态性检验。接着进行配对样本 t 检验，从检验结果可以看出，经过教学改革后，学生生涯力量得分比教学改革之前提高了 1.843，且 $p = 0.002$，通过了显著性检验，进一步验证了学生在教学改革后生涯适应能力有显著提升的结论（见表2）。

表2　生涯适应力量表前测—后测配对样本 t 检验

		均值	标准差	t	p
对 1	总分前测—总分后测	−1.843	5.952	−3.128	.002

二、人口学变量检验

1. 学科变量

　　学科和生涯适应力总分前后测数据的独立样本 t 检验中，前测数据 $p < 0.05$，说明理工科和文科的学生生涯适应力有显著差异，文科学生的生涯适应力总分（均值 = 133.28）高于理工科学生（均值 = 127.64）。但在后测数据中，$p > 0.05$，说明不同学科学生的生涯适应力总分没有显著差异，且理工科和文科生的生涯适应力总分分别为 134.68 和 137.36，比前测数据明显提高，进一步说明了经过教学改革后，学生的生涯适应力明显提高的同时，不同学科的差距也得到了弥补（见表3）。

表 3　理工科和文科生涯适应力总分比较

	学科	生涯适应力总分 ± 标准差	t	p
前测	理工科	127.64 ± 1.157	-2.206	0.03
	文科	133.28 ± 2.744		
后测	理工科	134.68 ± 1.635	-0.625	0.536
	文科	137.36 ± 3.97		

2. 性别、年级变量

性别以及年级和生涯适应力总分前后测数据的独立样本 t 检验中，p 值均大于 0.05，说明不同性别、不同年级的生涯适应力没有显著差异。

三、 学风优化检验

为了进一步探索生涯适应力变化的影响因素，本研究引入学风量表对每一个样本在教学改革前后均采集了统计数据，且每组数据都通过了正态性检验。将此量表的总得分作为大学生学风水平的衡量标准，并探究学风对生涯适应力的关系。下一步对生涯适应力和学风的前测及后测数据进行相关性检验，可以看出在生涯适应力与学风的前测结果中，两者在 $p < 0.05$ 水平显著相关，但相关系数 $R = 0.285 < 0.4$，说明二者不具有紧密的相关性。后测结果中相关系数 $R = 0.633 > 0.4$，说明生涯适应力与课堂学风具有正向的紧密相关性（见表 4）。

表 4　生涯适应力及学风相关性

指标	学风前测	学风后测	生涯适应力前测
学风后测	0.571 * *		
生涯适应力前测	0.285 *	0.343 *	
生涯适应力后测	0.477 * *	0.633 * *	0.327 *

注：*和 * * 分别表示在 $p < 0.05$ 水平显著相关和 $p < 0.01$ 水平显著相关。

由于学生在教学改革后生涯适应力与学风的相关性显著提升，为了进一步验证教学改革后学生的学风是否有显著提升，对每一个样本学风的前测与后测数据进行配对样本 t 检验。从检验结果可以看出，经过教学改革后，学风得分比教学改革之前提高了 1.6，且 $p = 0.033$，通过了显著性检验，说明学生在教学改革后课堂学风有显著提升（见表5）。

表5　学风量表前测－后测配对样本 t 检验

		均值	标准差	t	p
对1	学风前测数据 —学风后测数据	−1.600	5.155	−2.195	.033

参考文献

［1］ SUPER D. E. A life-span, life-space approach to career development［J］. Journal of vocational behavior, 1980, 16 (3)：pp. 282 –298.

［2］ SUPER D. E. A theory of vocational development［J］. Theory & practice of vocational guidance, 1953, 8 (5)：pp. 13 –24.

［3］ LEVITT B., MARCH J. G. Organizational learning ［J］. Annual review of sociology, 1988 (14)：pp. 319 –338.

［4］ ERVIN S. M. Variations in value orientations ［J］. American journal of psychology, 1963, 76 (2)：pp. 342 –343.

［5］ PRYOR R., BRIGHT J. Applying chaos theory to careers：Attraction and attractors［J］. Journal of vocational behavior, 2007, 71 (3)：pp. 375 –400.

［6］ MITCHELL K. E., LEVIN S. A, KRUMBOLTZ J. D. Planned happenstance：Constructing unexpected career opportunities ［J］. Journal of counseling & development, 1999, 77 (2)：pp. 115 –124.

［7］李瑞星，郑金伟. 职业生涯理论综述及对职业生涯教育研究的启示［J］. 中国大学生就业, 2013 (18).

［8］张海燕，等. 后现代语境下的高校职业生涯规划课程建设 ［J］. 学校党建与思想教育, 2012 (4).

［9］关翩翩，李敏. 生涯建构理论：内涵、框架与应用 ［J］. 心理科学进展, 2015, 23 (12).

［10］田静. 基于生涯建构理论的大学生生涯适应力培养路径探究 ［J］. 创新与创业教育, 2017 (4).

［11］韩燕. 基于建构主义学习理论的大学生职业生涯规划课程教学模式研究 ［J］. 内蒙古财经大学学报, 2018, 16 (4).

［12］曹金华，曹爱华. 萨柏的职业生涯理论及其对高校职业指导工作的启示 ［J］. 江苏高教, 2006 (1).

[13] 韩燕. 基于建构主义学习理论的大学生职业生涯规划课程教学模式研究 [J]. 内蒙古财经大学学报, 2018, 16 (4).

[14] 孔春梅, 杜建伟. 国外职业生涯发展理论综述 [J]. 内蒙古财经大学学报, 2011, 9 (3).

[15] 韩笑, 饶先发. 课程思政融入《大学生职业生涯规划与就业创业指导》的价值理据与实践路径 [J]. 决策探索, 2021 (1).

[16] 张婷. 立德树人融入大学生职业生涯规划教育的探索 [J]. 智库时代, 2019 (45).

[17] 赵国亮. 大学生职业生涯指导的核心任务与方法 [J]. 中国大学生就业, 2005 (16).

[18] 刘芳. 基于目标管理的大学生涯规划设计探析 [J]. 沈阳航空工业学院学报, 2009 (6).

[19] 刘英华. 就业力视角下的大学生涯规划研究 [J]. 科教导刊, 2011.

[20] 宋丹. 大学生涯规划对个体发展的影响因素分析 [J]. 大家, 2012 (10).

[21] 产佳, 邹楠, 纪淳. 论大学新生面临的适应问题与大学生涯规划 [J]. 时代教育, 2014 (15).

[22] 蒋义丹. 定好大学生涯规划 "指挥棒" 的价值及对策建议 [J]. 亚太教育, 2016 (23).

[23] 冯涛. 浅谈大学职业规划教育的价值、问题及对策 [J]. 教育与职业, 2013 (36).

[24] 吴建斌, 沈娟凤. 基于霍兰德人格类型理论的大学生职业性格分析 [J]. 教育与职业, 2014 (8).

[25] 粟晏. 霍兰德人格类型论在大学生职业辅导中的应用 [J]. 科技创新导报, 2009 (27).

[26] 沈洁. 霍兰德职业兴趣理论及其应用述评 [J]. 职业教育研究, 2010 (7).

[27] 顾明. 霍兰德职业兴趣理论在大学生就业指导中的应用 [J]. 全国流通经济, 2010 (11).

[28] 黄素菲. 以 "生涯兴趣小六码" 建置多元生涯发展路径 [J]. 教育实

践与研究，2014，27（2）.

　　［29］银锋，吴海燕. 新时代背景下霍兰德职业规划理论的应用［J］. 经济研究导刊，2019（33）.

　　［30］龙君伟. 论社会认知理论中的建构特征［J］. 华东师范大学学报：教育科学版，2005，23（2）.

　　［31］李晓侠. 关于社会认知理论的研究综述［J］. 阜阳师范学院学报：社会科学版，2005（2）.

　　［32］高山川，孙时进. 社会认知职业理论：研究进展及应用［J］. 心理科学，2005，28（5）.

　　［33］吕力. 能力陷阱、企业组织社会分层与企业成长——基于一个被双重调节的组织学习模型［J］. 现代财经（天津财经大学学报），2014，34（9）.

　　［34］朱海灵. 胜任力理论视角下高校毕业生就业能力提升研究——基于南京理工大学毕业生用人单位调查［J］. 中国大学生就业，2021（22）.

　　［35］丘红映，谢东良. 高校毕业生就业能力提升对策研究［J］. 决策探索（下），2021（4）.

　　［36］顾璇，王博. 人类基本价值观：理论、应用及研究进展［J］. 心理技术与应用，2018，6（7）.

　　［37］李玲，金盛华. Schwartz价值观理论的发展历程与最新进展［J］. 心理科学，2016，39（1）.

　　［38］孟续铎. 当前高校毕业生就业形势和主要问题［J］. 中国劳动，2018，413（5）.

　　［39］张成刚. 就业发展的未来趋势，新就业形态的概念及影响分析［J］. 中国人力资源开发，2016（19）.

　　［40］卢东明. 推动互联网+发展新就业形态问题研究［J］. 理论观察，2019（6）.

　　［41］黄雪娜. 大学生职业价值与择业行为一致性研究——价值观向心性和激活及相关因素的影响效应［D］. 北京：北京师范大学，2010.

　　［42］刘佳男. 社会支持与集体主义对大学生职业选择超载的影响［D］. 天津：天津职业技术师范大学，2015.

　　［43］汪雁，张丽华. 关于我国共享经济新就业形态的研究［J］. 中国劳动

关系学院学报，2019，33（2）.

［44］朱松岭．关注与理解 2018 年全国两会——新就业形态：概念、模式与前景［J］．中国青年社会科学，2018，37（3）.

［45］谢俊贵，吕玉文．斜杠青年多重职业现象的社会学探析［J］．青年探索，2019（2）.

［46］王本贤．试析认知信息加工理论［J］．教育探索，2009（5）.

［47］汪玲，郭德俊，方平．元认知要素的研究［J］．心理发展与教育，2002，18（1）.

［48］陈君楣，王海荣．善用机缘论在大学生职业生涯规划中的运用［J］．长沙大学学报，2015，29（1）.

［49］卓高生．论不确定性思维的思想政治教育价值［J］．求实，2007（8）.

［50］王英．论不确定性思维在思想政治教育过程中的重要性［J］．学理论，2008（10）.

［51］欧庭高，朱若男．马克思实践创新内涵与社会创新精神——以不确定性为线索［J］．理论与改革，2017（6）.

［52］张庆林，邱江．思维和学习领域中的元认知研究［J］．西南师范大学学报：人文社会科学版，2005，31（1）.

［53］罗伯特·C．里尔登，等．职业生涯发展与规划：第 4 版［M］．侯志瑾，译．北京：中国人民大学出版社，2010.

［54］史蒂芬·柯维．高效能人士的七个习惯［M］．高新勇，王亦兵，葛雪蕾，译．北京：中国青年出版社，2010.

［55］纳西姆·尼古拉斯·塔勒布．黑天鹅：如何应对不可预知的未来［M］．万丹，译．北京：中信出版社，2019.

［56］米歇尔·渥克．灰犀牛：如何应对大概率危机［M］．王丽云，译．北京：中信出版社，2017.

［57］纳西姆·尼古拉斯·塔勒布．反脆弱：从无序和不确定中获利［M］．雨珂，译．北京：中信出版社，2014.

［58］理查德·怀斯曼．幸运背后的心理奥秘［M］．张佳昱，译．北京：中国人民大学出版社，2009.

后 记

2020 年初一场新冠病毒感染疫情横扫全国，给社会经济和各行各业的发展带来了巨大冲击，对大学生的就业观念和职业选择产生了较大影响，高校毕业生"就业难""慢就业"等问题成为国家和社会的焦点。处于后疫情时代，人们越来越难以预判和掌控自身的职业生涯发展，在这个充满不确定性的时期，大学生需要对个人职业定位、能力发展和生涯规划有新的认知和判断。基于此，高校的职业生涯教育也要相应地转变思维和方法，适应新的就业形势和社会趋势，以帮助学生主动适应变化，积极行动应变，及时抓住机遇，实现职业生涯理想。

本书是对生涯适应力理论在课程设计和教学实践中应用的一个探索，并把课程思政的内容合理地融入了职业生涯教育。这是西方职业生涯理论与我国思想政治教育有机结合的一个创新，尝试构建中国本土化的特色职业生涯规划课程体系。

本书从课程构思到研究验证再到初稿完成历经三年，张嘉虹博士、研究助理谢晓锋和陈奕纯参与了课程教学改革部分的研究设计、问卷调查、数据分析和论文撰写。

全书由我进行框架和大纲设计，书中有的内容作为期刊论文发表过。本书写作的具体分工如下：前言、导论，孙竞；第一章，孙竞；第二章，蔡懋璇、廖丽丽；第三章，蔡懋璇、廖丽丽；第四章，姚建林、廖丽丽；第五章，姚建林、廖丽丽；第六章，王翀、孙竞；第七章，孙竞、廖丽丽；第八章，孙竞。

三年来，课程和教学不断受到疫情的各种影响，教师和学生都在不断地调整和适应。上好一节课并非易事，愿我们始终对三尺讲台保持敬畏之心，对生涯教育工作保持一颗初心。

孙 竞
2022 年冬于荔园